D1387431

LOS OJOS
EN LA
CRUZ

Una guía para
la contemplación

Michael Kennedy, S.J.

Ilustraciones por
Bernardo Gantier Zelada, S.J.

Traducción por
Héctor González

A Crossroad Book
The Crossroad Publishing Company
New York

Las citas bíblicas están tomadas de *Christian Community Bible: Catholic Pastoral Edition,* decimocuarta edición © 1994 por Bernardo Hurault, utilizadas con el permiso de Claretian Publications, U.P. P.O. Box 4, Quezon City 1101, Philippines.

The Crossroad Publishing Company
16 Penn Plaza, 481 Eighth Avenue
New York, NY 10001

Título original: *Eyes on the Cross*
Publicado por The Crossroad Publishing Company
Copyright © 2001 por Michael Kennedy, S.J.

Traducción al español © 2005 por Michael Kennedy, S.J.
Traducción por Héctor González.

Printed in the United States of America

Cataloging-in-Publication Data is available from the Library of Congress

0-8245-2315-6

1   2   3   4   5   6   7   8   9   10   10   09   08   07   06   05

índice

prólogo a la edición
en español

Cuando me preguntan sobre el modo en el que me relaciono con Dios, pienso inmediatamente en palabras como "oración," "meditación," "reflexión" y otras que también hablan de mi experiencia de fe y esperanza. Curiosamente, pocas veces se me viene a la mente la palabra "cruz," no obstante es un símbolo muy presente en mi vida.

En la actualidad a la cruz se la relaciona más con las experiencias de dolor, soledad y muerte, que con el Dios de la esperanza y nuestro modo de acercarnos a él. ¿Por qué? Quizá porque en el pasado la cruz fue uno de los peores castigos dado a los criminales, esclavos, y personas consideradas subversivas en tiempos del Imperio Romano. Desde entonces se volvió un símbolo y una referencia a la desesperanza, ya sea al pensar en ella de manera particular o al recordar a uno de los hombres que padeció su sufrimiento: Jesús de Nazaret.

La mayoría de los hispanos hemos adoptado ese triste significado; nos referimos a ella en ese mismo sentido, por ejemplo: ¿cuántas veces hemos escuchado decir que las enfermedades, las calamidades, las tragedias personales y de familia son "nuestra cruz"? O también decimos a aquellos que sufren, pero sobre todo a los pobres de la tierra, frases como: "Esta es tu cruz y tienes que soportarla," promoviendo un sentido de derrota y conformismo.

Gracias a *Los ojos en la cruz,* este regalo que el P. Miguel Kennedy, S.J., comparte con todas y todos nosotros, recuperamos el significado real de la cruz en nuestras vidas. El parte en sus meditaciones de una profunda experiencia y de una realidad fundante y fundamental para los cristianos: nos recuerda que ese Jesús Crucificado es también el Jesús Resucitado por el Padre Bueno.

Si bien para Jesús la muerte de cruz es una aparente derrota y humillación ante los hombres, esa misma cruz se convierte en el camino de obediencia al Padre y de redención de toda la humanidad. La cruz marca el triunfo para Jesús sobre la muerte; resurrección y exaltación gloriosa; esperanza firme de futura transformación para todos.

Pablo, el Apóstol de los gentiles, en la revelación enceguecedora que tuvo en el camino de Damasco, descubre que Cristo Jesús sufre en los cristianos: "Yo soy Jesús a quien tú persigues..." (Hech 26:15); y en su vida de mensajero de Cristo aprende que el sufrimiento en su apostolado es un complemento de la Pasión misma de Cristo: "Completo en mi cuerpo lo que le faltó a la Pasión de Cristo" (Col 1:4).

El sufrimiento y el dolor, vistos desde la cruz de Jesús, adquieren así otro sentido en nuestras vidas; se convierten no en el fin de una humanidad derrotada, sino en un continuo reto a vencer, para alcanzar la plenitud en esta vida, con la ayuda de ese mismo Padre Bueno que resucitó a Jesús. Así, lo que es "locura para algunos, para nosotros es poder de Dios" (1 Cor. 1:18)

El camino que el P. Miguel nos propone en esta publicación es el de encontrar a Jesús en el sufrimiento de los que nos rodean y en el sufrimiento propio, aun en aquél que es resultado de nuestras propias infidelidades.

No se trata de una propuesta que es únicamente fruto de una reflexión teológica, sino que se trata de una experiencia vivida y constatada en muchos años de acción pastoral. Se trata de describir la sencillez del diario caminar y el acompañamiento que se da a los "gozos y esperanzas" de los miembros de una comunidad parroquial en el Este de Los Angeles, en California, y la continua búsqueda de ese Jesús resucitado.

Se trata de una experiencia mística alcanzada por jóvenes en las cárceles de esa zona de la ciudad, que descubrieron a Cristo en los dolores que vivieron y están viviendo, y a través de los cuales Cristo les habla, y por medio de los cuales ellos le hablan a Él, en una real identificación.

Se trata del seguimiento en la fe que han decidido emprender las comunidades de migrantes y refugiados que ven en el exilio una posibilidad de vida y llegan sin nada a ese sector de Los Angeles. Estas mujeres y hombres descubren en la cruz ya no un símbolo de derrota, sino de aliento en sus caminos; sienten renovar sus esperanzas y fuerzas al sentirse acompañados en esa búsqueda común por una vida plena, a pesar de los pesares.

Por basarse en la práctica pastoral, *Los ojos en la cruz*, también busca ser un material de apoyo para las comunidades que quieren profundizar su fe y su encuentro con Jesús. A las ya conocidas formas de encuentro con él se añade una más, el de la contemplación de la cruz. En estas meditaciones, que son a la vez ejemplo e instrumento, está asegurado el camino de encuentro con Jesús a través del sufrimiento, que incluye y complementa todos los otros caminos del descubrimiento y encuentro con el Señor.

Se trata no de regocijarnos en el dolor, sino de ser capaces de encontrar en él caminos de transformación y reconciliación, con nosotras y nosotros mismos y con los que nos rodean. Es una invitación a "contemplar la cruz," pero no a "quedarnos en la cruz." La compasión que podemos sentir por Jesús Crucificado, debe movernos precisamente a ayudarle con esa cruz y por tanto a seguirle.

La tarea es difícil; seguir a Jesús implica también luchar contra las adversidades, y por eso es necesario tener una actitud positiva que nos dé fuerza para "bajar" a Jesús de esas Cruces de la vida. Las meditaciones aquí contenidas nos ayudan a mantener esa actitud. Nos introducen a una espiritualidad que nos ayuda a profundizar día a día sobre nuestro caminar y cómo podemos encontrar la gracia de Dios en las encrucijadas de la vida.

Las meditaciones contienen experiencias del diario vivir, mezcladas con relatos evangélicos. Describen el dolor y sufrimiento, y a la vez nos abren a la posibilidad de comprender el verdadero significado de la bondad, la fraternidad y la solidaridad compartidas por Jesús a las mujeres y hombres de todos los tiempos y generaciones. Tocan también de manera particular realidades muy cercanas a las que vivimos en Latinoamérica, pedazo mayoritario del Continente, amenazado desde siempre por la opresión y por el sufrimiento. Esa mezcla de temas y experiencias permite que este libro refleje de forma unificada la problemática hispana del continente.

¿De qué manera podemos aprovechar esto que yo llamaría "manual de ejercicios espirituales para la vida de hoy"? Veo y comparto algunas maneras.

A nivel personal:

- Como ayuda a la oración o a la reflexión. Haciendo una lectura diaria o semanal; leyendo en silencio o en voz suave, escogiendo un lugar cómodo en la casa y disponiendo de un tiempo específico para ello, por ejemplo: al levantarnos o al acostarnos... relajando el cuerpo y acompañándonos de una respiración lenta que nos ayude a introducirnos a los hechos que aquí se narran.

- Tomando este libro como acompañante, camino al trabajo o a la escuela, en el metro, en la güagüa, en el bus, en el camión... o en los pocos ratos de descanso de los quehaceres cotidianos. Saboreando pequeños trozos de lectura y meditando sobre ellos, invitando al propio Jesús a que nos acompañe y que platique con nosotras y nosotros.

A nivel comunitario, en los grupos parroquiales:

- Como ayuda en los momentos de oración. Leyendo el pasaje bíblico sugerido y después, de manera pausada, la meditación correspondiente. Tratando de imaginarnos y de sentir los lugares descritos, los rostros y los objetos. Dejando salir nuestras propias emociones y sentimientos. Se puede terminar con un momento para compartir las propias reflexiones, o respondiendo a una o dos preguntas relacionadas al tema, que nos comprometan con la comunidad.

- Como complemento al método "Ver–Pensar–Actuar" de las Comunidades Eclesiales de Base. Retomando las enseñanzas de Jesús ante personas y situaciones concretas y respondiendo a las preguntas que nuestra propia realidad nos plantea: ¿qué nos dice, y a qué nos invita hoy esta meditación? ¿cuál es nuestra conclusión y nuestro compromiso para el actuar, aquí y ahora, a la manera de Jesús?

- Como apoyo en Retiros Espirituales para jóvenes y adultos. Descubriendo las posibilidades de utilizar este mismo método para elaborar las propias meditaciones.

No podremos, después de leer este libro del P. Kennedy, quedarnos sin respuesta a la triple pregunta que el mismo San Ignacio de Loyola nos plantea en sus Ejercicios Espirituales, en la contemplación de la cruz: ¿qué he hecho? ¿qué hago ahora? ¿qué debo hacer por mi hermana y mi hermano, en quién vive Cristo crucificado?

+ Samuel Ruiz García
Obispo Emérito de San Cristóbal
de las Casas, Chiapas

prólogo a la edición en inglés

¿Es posible tener esperanza en medio del sufrimiento y del abandono? Esta es una pregunta que muchos de nosotros hemos tenido que enfrentar en una u otra ocasión. Casi siempre se nos presenta sin avisar, durante eventos o circunstancias usualmente fuera de nuestro control: la pérdida de un hijo, el divorcio, la experiencia del exilio, una depresión debilitante, una enfermedad crónica, o un sinfín de miedos y ansiedades anónimas que nos roban el sueño durante la noche. ¿Estará Dios con nosotros en esos momentos? ¿Nos acompaña Dios, o más aún, nos conforta durante esos momentos en que la razón misma de nuestras vidas aparenta haberse desvanecido? ¿Nos habrá dejado solos para que aprendamos a caminar por nuestra propia cuenta? ¿Están nuestras vidas entonces sin un modelo o sentido?

Estas preguntas siempre aparecen cuando observo al pequeño grupo de jóvenes que se sientan conmigo en el Centro de Detención Juvenil de Los Angeles. Nos reunimos en un pequeño cuarto del segundo piso de la unidad M y N. Los muchachos visten un uniforme color anaranjado encendido, que significa su clasificación de ofensores de alto riesgo. Desde la sala principal, justo al lado de donde nos encontramos, puedo escuchar gritos: son los demás muchachos de la unidad; están terminando de bañarse, para luego ir a cenar. En nuestro cuarto hay silencio. Primero tomamos unos minutos para saludarlos y preguntarles cómo están. Ellos parecen estar alegres de estar en este lugar apartado aunque sea por unos cuantos minutos. Nosotros también estamos contentos de estar aquí. Poco a poco vamos creando un espacio de mayor intimidad. Se prende una vela. Se escucha una música suave. Se nos invita a orar. Inclinamos nuestras cabezas mientras que Miguel lee de forma pausada una meditación. Esta tarde se trata de "A los pies de la cruz."

Entonces nos dejamos conducir hasta ese terrible lugar. Nos detenemos por un momento ante la presencia de María. Escuchamos su desconcierto: "Mirando a mi hijo sintiendo el sufrimiento...cómo deseo estar en tu lugar" le dice a Jesús, "pero no puedo." El cuarto se llena de una profunda quietud en este momento. Los muchachos están cabizbajos, escuchando con cuidado, tratando de encontrar algo profundo en estas palabras. ¿Qué está sucediendo? Entonces me doy cuenta: cada uno de estos muchachos ha escuchado palabras semejantes de los labios de sus madres. Cuando fueron arrestados; o cuando estaban frente a un juez en la corte; o a lo mejor en algún domingo (el único día de la semana en que se les permite ver a sus madres). Sus madres. Ellos están pensando en ellas, sintiendo la presencia de sus madres. En ese momento, algunos de los muchachos distinguen, quizá de forma más clara que nunca, la profundidad y la firmeza del amor de sus madres; ellos están sintiendo el inmenso sufrimiento que les han causado a sus madres; y ellos se están exponiendo al dolor y tristeza de tener que vivir tan distantes de ellas.

En este proceso son conducidos más cerca de Dios. En realidad yo solamente estoy asumiendo que esas son sus reflexiones. No estoy seguro de lo que los muchachos están pensando. Pero puedo sentir cuán profundamente estas palabras de la meditación los conmueve. A lo mejor fui yo el que baje tan profundamente a ese lugar de desolación, a los pies de la cruz, debido a la cercanía que experimento hacia mi propia madre. Después ellos escribirán y hablarán de estas cosas, de sus frustraciones, tristezas y dolor. Ellos expresarán la angustia y culpa por lo que hicieron, especialmente por haber defraudado a sus madres. Además describirán los cambios que han comenzado a suceder en su interior, la nueva visión que de sus vidas ha comenzado a emerger, el sentimiento de esperanza que está comenzando a nacer.

Objetivamente, no hay mucho para poderse sentir esperanzado. Algunos de estos muchachos enfrentan largas condenas. Algunos no podrán gozar la libertad sino hasta estar viejos. Algunos nunca volverán a ser libres. Pero, de alguna manera, un auténtico sentimiento de esperanza comienza a sembrarse en ellos.

Estoy seguro que ese cambio tiene algo que ver con lo que sucede durante las meditaciones. Nadie les está predicando. Nadie está tratando de "enseñarles" algo. Se les invita a que usen su imaginación y sus sentidos para que entren en el espacio de los evangelios y así puedan experimentar en cada fibra de sus cuerpos la sanación, el poder transformador de Jesús. También se les invita a que se acerquen tanto a Jesús, como para que puedan ser tocados y sostenidos por él, tan cerca como para escuchar que sus palabras son dirigidas directamente a ellos. Hay aquí una atmósfera de intimidad, perdón y amor. No sólo como simples ideas, sino como realidades palpable.

Pero el amor no puede nacer en donde no existe el riesgo. Ese es el único requisito para entrar en este espacio de las meditaciones. Riesgo. El compromiso a conversar de manera honesta consigo mismos, con los demás y con Dios. Esto es algo que noto de estos muchachos: como ya han perdido demasiado, y ven que su libertad y seguridad han sido arrebatadas casi en su totalidad, están dispuestos a arriesgarse profundamente. Están dispuestos a pararse frente a Dios con su desnudez, su impotencia y su necesidad.

Ese es el lugar a donde todos estamos invitados a estar. Allí el riesgo es reconocer nuestra profunda necesidad y entrar en las vidas de "esos otros" que viven en soledad y despojo. Es obvio que no es un lugar cómodo para estar. Huimos de la llamada a practicar un compromiso exigente y una compasión amplia. Preferiríamos escondernos de nosotros mismos y de aquellos que están quebrantados y que demandan nuestra atención.

Aún así, deseamos esa llamada. Deseamos sentir ese toque de Dios en lo más profundo de nuestro ser. Yo creo que ésta es la razón por la cual estas meditaciones son tan apasionantes y útiles para nosotros: porque llegan a la verdad de quiénes somos y desentierran lo escondido, lo perdido, al ser solitario que habita allí, el ser que sabe (aunque esa sabiduría haya sido olvidada) que el amor de Dios es la gran verdad, el centro de todo.

¿Cómo podemos asirnos a esta verdad? ¿Cómo podemos ser receptivos a este encuentro personal con Jesús, a una profunda y permanente intimidad con Dios? Requiere la voluntad de arriesgar todo tu ser en la búsqueda de Dios — no sólo el entendimiento sino que también nuestros sentidos, nuestra imaginación. Esta es la belleza y el poder de la tradicional meditación Ignaciana que Miguel Kennedy usa aquí para sondear los evangelios: por medio de los sentidos y la imaginación somos invitados a afrontar toda la realidad del Evangelio — así sus palabras e imágenes, como sus fragancias y texturas; así la dolorosa tristeza y el vacío que obsesiona las vidas de los que buscan a la persona de Jesús, como las inesperadas señales de gracia y esperanza que brotan de los emotivos encuentros que ellos tienen con Él.

Para poder ser conducidos tan cerca de Jesús es necesario exponernos a un profundo riesgo; pero al mismo tiempo puede abrirnos a la posibilidad de ser renovados y transformados. Esto es lo fascinante y lo terrorífico de tener un encuentro genuino con Jesús. Llegar a este punto requiere imaginación y coraje para sentir este terror y no salir corriendo, para conocer lo fascinante y permitir que se mueva y crezca dentro de nosotros. Esto es precisamente lo que se requiere de todos aquellos que se encuentran con Jesús en los evangelios. Y es lo que se requiere de cada uno de nosotros.

¿Seríamos capaces de sentarnos a la par de Pedro en el Mar de Galilea, escuchar "el suave rompimiento de las olas golpeando la orilla," mirar "el reflejo de la luna en la quieta superficie del lago," preguntarnos honestamente ante la presencia hipnotizante de Jesús: "¿Qué es lo que deseo?" ¿Podríamos reconocer, junto a Sara, nuestra enfermedad, nuestra tremenda necesidad? ¿Podríamos exponernos, tal como ella lo hizo, a recibir "el fragante aceite, a frotar

el aceite en las palmas de nuestras manos y después de
oler el aceite poner nuestras manos en nuestros corazones"
y ser sanados? ¿Estaríamos dispuestos a subirnos al bote
con Jesús y remar hasta el centro del lago, confiar en que
al tirar nuestras redes al agua profunda nos dará los fru-
tos deseados? ¿Podríamos armarnos de valor para caminar
junto a Jesús hacia ese lugar de sangre, quebrantamiento y
abandono — al lugar de la cruz — a entrar y no escapar de
los lugares de sufrimiento a los cuales somos llamados a
entrar? Este es el enorme trabajo al cual somos invitados —
el de dejarse interpelar por estas preguntas fundamentales
de fe, que nacen de entrar en esos lugares — de felicidad y
de abandono — en donde surge la fe y la esperanza.

Aunque este trabajo parece una experiencia individ-
ualista, en realidad es todo lo contrario; es el resultado de todo un trabajo comunitario. Es muy difícil leer
estas meditaciones y no notar cuán profundamente éstas
provienen de una experiencia vivida en comunidad cris-
tiana. No es una comunidad ideal. La conforman personas
que podrían ser consideradas las más quebrantadas y
despojadas de entre nosotros. Algunas que apenas han
dejado de ser niños, ahora son prisioneros. Hombres y
mujeres jóvenes que han crecido en las calles del Este de
Los Angeles en medio de la pobreza, pandillas, crimen y
violencia, que hace que sus vidas estén llenas de tristeza y
desolación. Otros son inmigrantes, recién llegados a este
país, unos debido a la guerra y violencia en sus países de
procedencia, otros por la esperanza de encontrar trabajo
y una vida más plena y segura para ellos y sus familias; lo
común es que en ambos casos su situación es precaria. Y
hay otros en esta comunidad — como el autor mismo, un
sacerdote jesuita — con un profundo compromiso por la

lucha en contra de la injusticia, los miembros de la parroquia de Misión Dolores en el Este de Los Angeles, los niños
de la escuela parroquial, los otros sacerdotes, compañeros
jesuitas cuyas presencias se sienten en estas meditaciones.

Mucha de la esperanza que se deriva de este libro —
tanto como su fuerza — emana de la honestidad y del
ánimo que surge entre esta extraordinaria comunidad.
Es una comunidad comprometida en una lucha común
a todos nosotros — la lucha por abrazar nuestra frágil
humanidad, por encontrar las fuentes de esperanza que
brotan desde lo ambiguo, del dolor en nuestras vidas, con
el fin de convertir en una realidad concreta el huidizo, pero
siempre presente reino de Dios. Es la lucha de Jesús, la
lucha de los evangelios.

Al tomar y leer estas meditaciones nos sentimos llamados a conocer profundamente aquellos lugares — de
nuestro mundo, de la iglesia y de nuestras propias vidas —
en donde la esperanza parece ser más escurridiza. Aquí
hay historias e imágines que nos pueden dar el coraje para
entrar en esos lugares y quedarnos allí, para luchar con
nuestros temores más profundos y quizás ayudar a cargar con el sufrimiento de aquellos que encontremos allí.
El reto de mantener nuestros ojos en la cruz y no huir es
el más doloroso y exigente de los retos. A fin de cuentas,
sin nuestra fiel atención a la cruz, a los seres quebrantados y abandonados de nuestra historia, ¿será posible la
esperanza?

DOUGLAS BURTON-CHRISTIE

dedicatoria

Cuando yo me ordené, trabajé en una parroquia en San Diego. Kenny, un miembro del grupo de jóvenes de la parroquia, era uno de esos muchachos del barrio que tenía la oportunidad de sobresalir. Él recién había obtenido una beca de cuatro años para una universidad de renombre. Una mañana de un jueves, dos días antes de su graduación, Kenny se ahogó en una excursión de su escuela. Yo aún recuerdo haber abrazado a Brenda, la madre de Kenny, en el hospital. El llanto de dolor de ella llenaba todo el hospital. Recuerdo que al escuchar aquel llanto, pensaba en mi interior, "Yo no sé que haría si perdiera a un hijo." Esta profunda muestra de dolor aún vive en mí después de veinte años de haber sucedido.

También recuerdo, una noche en que celebraba la liturgia en El Salvador, yo hablaba con unas madres que acababan de perder a sus hijos en la guerra. María con su rostro lleno de dolor, lleno de arrugas y maltratado por el tiempo, expresaba su dolor silenciosamente. Me contaba cómo había perdido a sus cinco hijos en una sola noche hace menos de un mes. También me acuerdo de Isabel, quién después de perder a su esposo en la guerra, soportó la pérdida de José, su hijo, quién se paró sobre una mina en la comunidad de repatriados en donde vivían. José murió en camino al hospital. ¿Cómo se continúa después de una pérdida tan intensa?

Recientemente, yo sentí la angustia de Virginia cuando el juez leyó la sentencia de su hijo, "Mario R., servirá veintinueve años a vida, además otra pena de por vida que tendrá que cumplir consecutivamente." El estallido de angustia de aquella sala de justicia me recordó el grito doloroso de Brenda, el de María, el de Isabel, y el de tantos incontables padres de familia que experimentan pérdidas similares.

Durante estos últimos años, de manera regular me he sentado alrededor de una mesa compartiendo una comida y escuchando a los padres hablar de su pérdida, el dolor que les causa el tener a los seres a quienes les dieron la vida cumpliendo condenas interminables. He sentido en numerosas ocasiones cuán profundo y cuán grande es el amor de los padres. Los padres, cuyos hijos están en prisión, me han enseñado muchas cosas en su voluntad de compartir, de consolar, y de apoyarse mutuamente.

Yo sé que es posible poder soportar y sobrevivir a este dolor solamente con la ayuda y el apoyo del Ser Supremo. De alguna manera, yo siempre salgo de estos encuentros con un pequeño vestigio de esperanza que, a pesar de todo, vale la pena luchar y amar. Dedico este libro a todos aquellos padres de familia que han padecido esta tremenda pérdida.

Con cariño este libro está dedicado a:

Brenda, María, Isabel, Camila, Vicki,
Lety, Martín, Virginia, Irma, Lucía, María,
Irma, Marta, Darío, Francisco, Isidra, Lupe,
Alicia, Cándida, Margarita, Aurora, Eduvelia.

introducción

Toni es la encargada de programar los retiros en la Casa de Retiros Serra en Malibu. Este año tuvimos el retiro de los estudiantes de octavo grado de nuestra escuela, al mismo tiempo que tuvimos un taller para nuestros nuevos Pastores Parroquiales. Yo pensé: "Este va a ser un verdadero desastre, estudiantes de octavo grado y nuevos pastores juntos." Durante el almuerzo vi a Toni y le dije: "Espero que los niños se hayan portado bien." Ella no sólo me dijo que se portaron bien sino que también estaba muy impresionada con la habilidad de ellos para orar, la manera tan seria con que toman la oración. Esto me despertó. Quizás por haber estado tan cerca a la experiencia de trabajar con estos niños con la contemplación no podía ver este resultado concreto, pero cuando Toni me dijo esto, me ayudó a ver lo que estaba enfrente de mí.

Ese día del retiro en Malibu, desde las nueve hasta las doce de la mañana, usamos tres meditaciones que forman parte de este libro. Durante todos los viernes del año, estos estudiantes asistieron a una capilla que hemos construido en el tercer piso de nuestra escuela parroquial para hacer meditación. Ellos aprendieron a interiorizarse, a guardar silencio, a no tenerle miedo a lo que surja. Han aprendido la disciplina de reflexionar y escribir sobre su propia

experiencia. El retiro fue la culminación de un año de trabajo. Después que Toni hizo el comentario yo me quedé
pensando: "Miguel, te debes de sentir orgulloso de estos
muchachos y muchachas del barrio y de la experiencia
que están viviendo en este retiro. Este año de disciplina
contemplativa en verdad está dando su fruto."

Yo siempre he pensado que a la par de tener el conocimiento mental de nuestra fe, una experiencia que permita
conocer al verdadero Jesús puede producir efectos du-
raderos en las vidas de las personas. Aquel día este grupo
de veinticinco estudiantes de octavo grado, que pudieron
tener un retiro como este, reafirmaron esta opinión. El
desarrollar una actitud contemplativa es muy difícil para
cualquier persona. Tengo la esperanza que estos muchachos y muchachas continuarán lo que comenzaron este
año. Que cuando se gradúen ellos puedan llevar consigo la
experiencia de que su religión no sólo se trata de cumplir
obligaciones externas, sino que comprende el desarrollar
una vida interior, una relación con Jesús que puede darles
consecuencias importantes y duraderas para el resto de sus
vidas.

Probablemente una de las más poderosas experiencias recientes derivadas del uso de estas contemplaciones
sucedió durante la preparación para Semana Santa en el
Centro de Detención Juvenil en Los Angeles.

El 19 de abril fue un día hermoso y soleado; éste
contrastaba con los oscuros y húmedos pasillos que uno
experimenta al entrar en la unidad AB del Centro de Detención Juvenil destinada para muchachas. De repente me
encontraba en un enorme dormitorio junto con Javier, el
capellán del Centro de Detención en el cual hay más de

mil jóvenes encarcelados. Antoinette se acercó primero. Ella es una hermosa muchacha afroamericana que posee una presencia fuerte. Después de escuchar lo que ella leyó esa tarde, yo reflexioné que si Antoinette no estuviera portando el overol naranja que identifica a los jóvenes de alto riesgo, ella fácilmente podría estar en UCLA sacando un título en Inglés.

Antoinette había escrito algunas reflexiones acerca del Vía Crucis que íbamos a usar en dos días durante nuestro servicio para el Viernes Santo. Comenzó a leer y su primera reflexión trataba de la condena a muerte de Jesús. Ella la comparó a su vida en el Centro de Detención y agregó, "Lo que es injusto de que estemos encerrados es qué algunos de nosotros sólo nos equivocamos e hicimos algo malo, pero no somos criminales. No se nos concede una segunda oportunidad. De muchas formas aún seguimos siendo niños." Después que terminó de leer esto, ella nos preguntó que si el domingo íbamos a llevar huevos de chocolate para Pascua.

Lentamente las demás muchachas entraron al cuarto. Laura, Alejandra, Helen, Kimberly y Ruby. Javier les explicó que debido a que era Semana Santa íbamos ir a orar a la cruz. Pero les dijo que este día lo haríamos de una forma especial, que usaríamos una manera que es muy vieja y está relacionada a un santo llamado Ignacio de Loyola. Javier les explicó que la contemplación es una de las muchas maneras de orar que hay. Él les dijo a las muchachas que hoy a pesar de que físicamente no pueden salir de este edificio, ellas pueden ir a otros lugares usando su imaginación. El método que aplicaríamos puede hacer real el Evangelio, como si estuviéramos allí, siendo parte activa de la escena.

Él terminó la explicación diciendo como cada semana usamos este mismo método en la unidad de los muchachos y también durante las liturgias de los domingos.

"Este día vamos a orar pensando en la cruz y cómo esta está relacionada con nuestras vidas." Javier comenzó diciendo: "Al final de la contemplación vamos a contestar la siguiente pregunta: ¿Cuál persona en nuestras vidas ha estado junto a nosotros tal como María lo estuvo con Jesús bajo la cruz?" Pusimos la música, encendimos una vela, y después yo expliqué que después de la meditación iba a ungir sus manos con aceite. Que luego ellas eran convidadas a frotar sus manos con este aceite especial, olerlo y después poner sus manos sobre su corazón.

Javier comenzó a leer la meditación:

> me preguntaba
> cuando iba a terminar todo
> o si iba a terminar
> quería escapar
> correr de este lugar
> me sentía débil
> tan vulnerable
> traté de decir una oración
> recitar alguna lectura
> de las que había aprendido
> cuando era pequeña
> pero nada se me vino a mi mente
> nada
> mientras estaba debajo de la cruz

La Semana Santa en sí posee un tremendo poder. Pero al estar en aquel cuarto escuchando esta historia, estar con

éstas seis jóvenes, creó una experiencia que en verdad nos
permitió trascender aquellos barrotes, los olores pútridos
y el ruido de los pasillos. Fuimos capaces de viajar a través
del tiempo, hacia una colina en particular, en dónde una
madre estaba parada junto a su hijo, un "criminal."

Javier continuó leyendo lentamente:

> estoy contenta
> de haber sido tu madre
> tú has sido el mejor de los hijos
> que se pueda imaginar
> a pesar de que muchas veces
> yo no entendí
> lo que querías decir
> o lo que hacías
> ahora veo
> que tu camino
> es el camino de dios

Cuando él terminó, brevemente nos mantuvimos en silencio. Entonces me incliné y fui alrededor de este círculo
de oración, frotando el aceite en forma de cruz sobre sus
manos. Ellas lo frotaron entre sus manos y pusieron sus
manos sobre sus corazones. Algo muy poderoso estaba
sucediendo en aquel cuarto.

Entonces las muchachas tomaron papel y lápiz y comenzaron a escribir sus reflexiones. Ellas escribieron de como
María estuvo ahí acompañando a Jesús tal como cada una
de sus madres lo han hecho por ellas. Después que ter-
minaron, cada una de ellas tomó la vela en sus manos y
comenzaron a leer las maneras conmovedoras en que sus
madres estuvieron junto a ellas en los peores momentos. La

ternura y el amor que fluían sólo fueron interrumpidos por las lágrimas que caían de sus mejillas. Aquella tarde esas muchachas fueron muy vulnerables entre ellas. En aquel dormitorio no había donde esconderse tal como lo hacían en las calles. Yo también lloré al escucharlas hablar de la presencia de sus madres.

Antoinette reflexionó: "Me tomó mucho tiempo poder decir las palabras que diré, y ¡puf! en verdad lo digo desde mi corazón: Mamá, siento mucho haber hecho todo lo que hice y te causó daño." Helen manifestó: "Sé que estás molesta porque estoy en la cárcel y no allí junto a ti como debería de estar. Pero tú aún me amas, y eso es todo lo que quiero de ti." Alejandra agregó: "Odio ver como regresas a casa después de las visitas que nunca son lo suficientemente largas. Mis palabras no pueden expresar el dolor que siento en mi interior. Necesito tu abrazo cálido y tierno."

Terminamos la meditación tomándonos de las manos y cada una mencionó el nombre de sus madres y rezó por ellas. Apagamos la vela. Yo sentí que lentamente despertábamos de un sueño, una experiencia que nos permitió ir lejos de la cárcel. Esto fue tan relacionado al verdadero significado de la Semana Santa: como desde la cruz, en dónde menos esperamos encontrar a Dios, Jesús manifestó el verdadero rostro de Dios. El lugar más oscuro posee la luz más resplandeciente.

Después que apagué la vela, celebramos el rito de la paz. La ternura con que estas muchachas se dieron la paz mutuamente, la manera en que se abrazaron, fue el toque final de esta experiencia de encontrar luz aún en este lugar tan oscuro. En un nivel, el cariño que expresaban hacia las demás estaba conectado a la manera en que sus madres han estado junto a ellas. En otro nivel, de alguna manera nuestro Dios crucificado estaba asociado en esos abrazos. Dios también les estaba haciendo sentir que el Ser Crucificado también se interesa por ellas, las acepta, y las ama tanto que Jesús mismo estaba abrazándolas de una manera amorosa. Dios les estaba haciendo sentir el misterio crudo de esta semana, que sólo puede ser experimentado en los lugares más oscuros, en donde nada excepto la cruz les revela al Dios verdadero. Yo creo que pudimos haber pasado toda la noche en este abrazo.

Cuando Javier y yo salimos del Centro de Detención, yo sentí que salíamos de una experiencia muy profunda y que estábamos regresando a vivir al tiempo ordinario. Mi único deseo es que aquellos que aprueban leyes tan duras en contra de los jóvenes pudieran haber estado ahí.

Las contemplaciones que se encuentran en este libro han sido usadas en ambientes muy diferentes durante este último año. Estas pueden ser usadas individualmente o en grupo. Hay algunas preguntas al final de este libro que pueden ser usadas para despertar algunos pensamientos después de leer la meditación. Para algunas personas les es útil escribir después de la contemplación y luego compartir esas reflexiones con el grupo. Lo que importa es comenzar a tomar en serio nuestra propia experiencia religiosa. Jesús se hace más real. Para otras personas las contemplaciones les han sido valiosas para poder discernir, para tomar una buena decisión.

Estas contemplaciones han sido utilizadas con Antoinette; con Paúl, un abogado; con Dante, un contador; con Eric, de la Universidad Loyola Marymount; y con José, el presidente del consejo estudiantil de la Universidad de Santa Clara. De una manera humilde, cada una de estas personas está aprendiendo no solamente a pensar un poco más como Jesús sino que al ver, sentir y experimentar a Jesús en las contemplaciones, ellos están aprendiendo a poner más atención a los movimientos del espíritu en su interior. La gente en verdad necesita tener una experiencia religiosa. Lo que sucedió con los estudiantes del octavo grado o con las muchachas del Centro de Detención Juvenil manifiesta como Dios está vivo e interactuando con nosotros.

Me gustaría sugerir algunas de las maneras en que este libro puede ser usado cuando no se está usando en un grupo; estas han sido extraídas de la experiencia propia y de la de algunas otras personas.

1. Encuentra un lugar silencioso y cómodo. Cierra los ojos, relájate, deja todas tus preocupaciones en las manos de Dios mientras rezas. Silenciosamente recuerda que ahora Dios está contigo, agradeciéndote por tu completa atención.

2. Lentamente lee el pasaje del Evangelio.

3. Permítete ser absorbido en lo que sucede en la escena. ¿Cómo se siente cada persona y qué hace cada persona? ¿Cómo me siento yo y qué hago?

4. Después, lentamente lee la contemplación correspondiente de este libro. Utiliza la contemplación para entrar mas profunda y completamente en la escena.

5. Haz uso de tus sentidos. Saborea, toca, huele, escucha, siente y ve lo qué sucede a tu alrededor. Exprésate dentro de la escena. Habla con los que están en la escena. Conviertete en parte de la escena.

6. Deja que Dios haga el resto. Deja que cualquier pen-
   samiento, sentimiento, o sensación fluyan libremente
   y deja que éstas profundicen tu contacto con Dios.
   Frecuentemente Dios nos revela cosas que nunca
   hubiéramos imaginado o conseguido al solamente
   "pensar" en ellas.

LOS OJOS
EN LA
CRUZ

amistad

juan 1:35–39

Es verano y el equipo parroquial está en la Casa de Retiros Serra en nuestro retiro anual. La capilla está oscura. Ya no se puede ver el resplandeciente océano azul. Temprano en la tarde, por medio de un ejercicio que hicimos, habíamos escrito acerca de lo que más apreciábamos de cada miembro de nuestro equipo pastoral. Ya son las nueve de la noche. Es el tiempo de leer lo que cada persona ha escrito. El resplandor de las velas ilumina cada rostro.

En 1987, Arturo comenzó a trabajar en Casa Grande, una casa para refugiados salvadoreños y guatemaltecos que venían huyendo de la persecución en sus países, localizada en la Iglesia del Sagrado Sacramento, en Hollywood. Yo leí lo que él escribió. Para él, su compromiso con los inmigrantes refleja la compasión misma de Jesús. En el año 2000, Arturo continúa trabajando con inmigrantes, ahora desde la Iglesia de Misión Dolores, y su entusiasmo y sensibilidad nunca han cambiado.

Alrededor del altar, sentado con estos amigos, experimento los fuertes lazos de amistad que nos unen, especialmente después de haber trabajado juntos por construir un mundo mejor. Casi podía ver, sentir en los ojos de Arturo a los niños que fueron mutilados por minas en El

Salvador y qué pasaron una Navidad en Casa Grande en 1987. Recuerdo ver a Francisco, quien se había parado en una mina, cojeando para arriba y para abajo en las gradas. Podía sentir a Dios en la convivencia que se tenía con los niños durante esos días de Navidad. Ellos llevaban en sus cuerpos las marcas de una guerra sangrienta.

Ahora en la capilla, al estar sentado en círculo con aquel grupo, sentía cuán importante es crecer en la amistad con Jesús, dándonos fuerzas para continuar, no por un año, ni por dos, sino por toda la vida. Esta noche en la capilla de Malibu, sintiendo los lazos de la amistad que fluyen entre nosotros, estoy agradecido con el Ser que nos llamó a entrar en este compromiso y agradecido con los que trabajo.

Al día siguiente, de nuevo estaba allí Juan con dos de sus discípulos. Al ver que Jesús iba pasando dijo: "Ese es el Cordero de Dios." Cuando lo oyeron esos dos discípulos, siguieron a Jesús. Se volvió Jesús y, al ver que lo seguían, les preguntó: "¿Qué buscan?" Le contestaron: "Rabbí (o sea, Maestro) ¿dónde vives?" Jesús les dijo: "Vengan y verán." Fueron y vieron dónde vivía. Eran como las cuatro de la tarde y se quedaron con él el resto del día.

no había nubes
   sólo un largo azul eterno
caminaba esta tarde
   por la orilla
   del río

caminaba con el bautista
  mirando la corriente
  del río
    golpeando las rocas
    profunda en algunos lugares
el bautista nos dijo
  allí está
  caminando
  debajo de la sombra
    del árbol
vayan
  aprenderán
  mucho de él
muchos pensamientos
  corrieron por mí
  eran más fuertes
  que la corriente del agua
tratábamos
  de alcanzarlo
  mientras que él se perdía
    una y otra vez
  entre la sombra
andrés
  me decía
  que debíamos
  apresurarnos
  para decirle
  que el bautista nos enviaba
pero algo
  dentro de mí
  quería seguirlo
  un poco más

caminaba
  mirando
  mientras que él contemplaba
  a toda la gente
    reunida
    que trataba de entrar al agua
miré
cuando se detuvo
  y habló
  con los niños
  con sus padres
era una tarde normal
  yo me había levantado temprano
    mucho antes que el sol
  para poder
  estar en el río
  antes que la multitud
  llegara
pensaba en todos los eventos
  de los últimos días
  los incontables rostros
  de las personas
  que hablan de sus deseos
    de cambiar
    de perderse
      en el agua
mi propia vida había cambiado
  tanto
  desde que ayudaba al bautista
el que estaba enfrente de nosotros
  de repente giró
  hacia donde los árboles se juntan

para alejarse
del sonido
  de la corriente del río
lejos del ruido
  de tantos que deseaban
poder entrar en el agua
¿por qué lo seguíamos?
al menos
  lo seguiremos un poco más allá
lentamente ascendíamos la colina

justo cuando me preguntaba
  cómo lo íbamos a abordar
    él se volvió hacia nosotros
  en el lugar
  donde el camino
  se pierde entre las lomas
  y la vista del río
    desaparece

lo observábamos mientras que
  continuábamos
  caminando
acercándonos a donde
  él estaba parado
así que el bautista
  quiere que conozcamos
  a éste que se encuentra cerca
ya no había
  una distancia segura
  entre nosotros
escuchamos
  ¿les puedo ayudar?

¿buscan a
  alguien?
abrí mi boca
  te miramos
  mientras caminabas
  por el río

lo miraba
  todavía sin nombre
  ¿qué estamos buscando?
miles de cuerdas enredadas
  se rompían en mi corazón
sintiendo las memorias
  de mi juventud
memorias
  de la inquietud
  que he sentido
inquietud
  de que algo
  estaba muy mal
  por todo
  el sufrimiento
  que nuestra gente
  tiene que soportar
ahora éste
  que se asemeja
    a la corriente del río
  hace que me pierda en el momento
su presencia me transportaba
  al lugar más profundo
  del río fluctuoso
¿qué es lo que deseo?

recuerdo
   la primera vez que entré
   a la sinagoga de cafarnaúm
   fui atraído hacia una presencia
     la misma presencia
     que siento ahora
   que creó un profundo espacio
     que desea ser llenado
aún después de todos estos años
   no he olvidado esa experiencia
pero ¿cómo puedo
   poner en palabras
   un anhelo tan amplio
   como el cielo azul?
quería decirle todo esto
   a este desconocido
   pero lo único que se me salió fue
     ¿dónde vives?
¿cómo pude haber dicho eso?
   que cosa tan estúpida de decir
   ¿dónde vives?
pero él parecía complacido
   con esta pregunta
sus ojos brillaron
   mi nombre es jesús
   vivo cerca de aquí
   he estado solo
   por muchos días ya
me gustaría
   que me acompañaran
   que caminaran
     conmigo

podemos hablar
  mientras viajamos
  hacia donde vivo
ese fue el momento
  que se conectó
  con la primera vez
  que entré a la sinagoga
a los momentos
  las ocasiones
  cuando me despertaba muy temprano
  para ir a pescar
  y miraba fijamente
  al cielo oscurecido
    lleno de estrellas resplandecientes
  a la tranquilidad
    durante ese tiempo del día
yo caía profundamente
  hacia la presencia
    de éste que se llama jesús
  me evocaba el mismo sentimiento
sabía que necesitaba
  decirle que sí
necesitaba seguir
  este anhelo profundo
  asociado
    a algo
    a alguien más
    en este universo
  que nunca encontré
  entre nuestros líderes religiosos
    tan preocupados
    con sus pertenencias

sí maestro jesús
   me gustaría ver
      el lugar donde vives
   me gustaría acompañarte
lentamente dejamos aquel lugar
   pero sabía
   que en ese profundo espacio
      debajo del río
      el mismo lugar
      donde sentí que caí hace muchos años
   me sentía bien
      al hablar con él
caminábamos
   hablando
      de nuestros deseos más profundos
no quería que este viaje
   se terminara
recorrimos rápidamente la distancia
   al lugar donde vivía jesús
su casa estaba escondida entre árboles
   nos abrió la puerta
   invitándonos a entrar
mientras pasaba por un lugar oscurecido
   caí aún más
   conectándome
   con pensamientos
   que había tenido muchas veces
   ¿como cuando me preguntaba
      cómo será el momento
      cuando se pasa de este mundo
      al otro?
      ¿qué sucede?

¿adónde se va?
¿dónde quedará tu casa?
¿dónde se vivirá?
pero en este momento perdido
mientras pasaba por la puerta
experimenté
una sensación de pertenencia
que nunca había sentido
en mi vida
sabía
lo que estaba pasando
por dentro
nunca olvidaré ese lugar
donde sentí
una presencia profunda

no sabía
que decir
pero jesús
empezó a hablar
acerca de su tiempo alejado
como él miraba todo diferente
ahora él quería
ver como se pueden
cambiar las condiciones
para los excluídos
de la sociedad
esto me dio confianza
para contarle a jesús
cómo mis parientes
fueron sacados de sus tierras
porque los impuestos eran demasiado

me empecé a conmover
mientras le contaba a jesús
el dolor que sentía
al ver tanto sufrimiento
en nuestra tierra
demasiada injusticia
mientras hablábamos
dejamos que el momento
tomara posesión de nosotros
sabía que jesús comprendía
lo que yo le decía
él también lo había vivido
nuestra conversación pronto
fue fluida
igual de rápido y apacible
que el río
que habíamos dejado atrás
podía sentir mientras conversábamos
que los primeros lazos
de amistad
se estaban creando

preguntas para reflexionar

1. Si Jesús se volteara y te preguntara "¿qué deseas?" ¿qué le responderías?

2. ¿Qué es lo que anhelo en mi vida? ¿Cómo siento este anhelo? ¿Lo puedo describir con palabras?

3. ¿Recuerdo alguna ocasión en que estuve relacionado profundamente con alguien? ¿En oración? ¿Con un amigo o amiga? ¿Cómo era eso?

sanación de sara

marcos 1:29-31

Es el tiempo de Navidad en la cárcel de Lynwood. Le pregunto a un grupo de cuarenta hombres cuántos tienen hijos. Casi todos dicen tener alguno, dos de ellos tienen seis hijos y cinco dicen tener a sus esposas a punto de dar a luz. Luego todos son invitados a iniciar una meditación. Les pido que se imaginen a sus hijos, a sus esposas y que entren en la contemplación, orando para que ocurra una sanación en algún nivel, y así estar sanos de la soledad de la cárcel por lo menos durante estos días festivos.

Yo miro alrededor del salón de clases convertido en capilla para ellos. Puedo notar que cada uno está entrando profundamente en la experiencia. Una quietud reina. El Ser que nunca nos abandona está presente. Yo pongo aceite en sus manos, ellos lo frotan, lo huelen y ponen sus manos sobre su corazón. Este gesto de sanación rompe con el estereotipo del prisionero machista. Hay una ternura, una vulnerabilidad que se siente palpablemente. Cada uno es invitado a decir en voz alta los nombres de sus esposas e hijos. De repente la capilla parece que está llena de niños sonrientes y de esposas amorosas. Dios no quiere que estemos aislados, solos y separados. Nunca.

Cuando la gente salió de la Casa de Oración, Jesús se vino
a la casa de Simón y Andrés, con Santiago y Juan. La
suegra de Simón estaba en la cama con fiebre, por lo que,
luego, le hablaron de ella. Jesús se acercó y la levantó,
tomándola de la mano. Se le quitó la fiebre, y, luego, se
dispuso a atenderlos.

se sentía muy bien
   ir por este último tramo
   antes de llegar a cafarnaúm
desde que
   he caminado con jesús
   he querido
   que conociera a mi familia
   que mirara donde estaba mi casa
mi vida ha cambiado
   tanto
   durante estos últimos dos meses
   desde que me uní
   al grupo de jesús
los olores del lago
   eran fuertes
    refrescantes
mientras bajábamos
   la última loma
   antes de llegar a las puertas
    de la ciudad
   de repente
    enfrente del profundo azul
    del lago
   sopló un viento fuerte
   y olas blancas cubrían la superficie

hablaba con jesús
   acerca de la vida en esta
    comunidad pesquera
aprendí
   a pescar antes de leer
le enseñé al grupo
   la sinagoga
   la escuela
me sentía bien
   enseñarles
   a mis amigos
   esta parte de mi historia
finalmente llegamos a la orilla
   del lago
nos acercamos a la puerta
   de mi casa
cuando me fui de aquí
   hace unos meses
   nunca imaginé
   que me comprometería
   en este tipo de trabajo
en mi familia
   habían sido pescadores
   por generaciones
¿quién hubiera pensado
   que iba a trabajar
   para un predicador ambulante?

de repente
   estaba rodeado por mi familia
presenté
   a mis amigos

sabía que necesitaba hacer
algunas explicaciones

había una mirada
de gran preocupación
en el rostro
de mi esposa
le pregunté
¿qué sucede?
empezó a llorar
trataba de decir
que su madre estaba
terriblemente enferma
tenía miedo
de que ella muriera

¿podrás pedro
pedirle a tu amigo
el que sana
que vaya a visitarla?
jesús dijo
que le encantaría

pronto
se estaba arrodillando
cerca del extendido cuerpo
casi sin vida
de sara
jesús miraba el sudor
la palidez
de su piel

tomó su mano
   entre las suyas
   ¿cuánto tiempo ha estado así?
se notaba
   que a jesús no le gustaba
   lo que estaba mirando
el sufrimiento de sara
   era intenso

jesús
   sacó de su bolsillo
   un pequeño frasco
   con un rico aceite
el olor del aceite
   llenó todo el cuarto
      penetrando la oscuridad
por un mes
   sara había estado acostada allí
      sobre el colchón de paja
   con fiebre
   con escalofríos
   sin poder hablar
jesús
   puso una pequeña cantidad
      del aceite fragante
      en sus manos
      en su frente
   pidiéndole a sara
   que lo frotara
      entre sus palmas
      y luego que lo oliera

que pusiera sus manos
sobre su corazón

jesús
  rezaba
    sintiendo una luz poderosa
abbá
  de noche y de día
  sara sufre de esta enfermedad
abbá
  froto
  este aceite
    fragante
    rico de olor
  sobre sus manos
deja que tu toque de sanación
  se sienta
  para que ella ya no
  esté encadenada aquí
    sufriendo
sánala
  no sólo de esta fiebre
  sino que también de lo que
    oscurece su corazón
    del miedo que la rodea
  ya que ella
  no tiene la confianza
  de compartirlo con su familia

sucedió que
  mientras jesús
  frotaba
    este aceite perfumado

sobre su mano envejecidas
las partes
que estaban destruyéndola
estaban siendo transformadas
por el aceite
el aceite
estaba absorbiendo todo el dolor
que soportó cuando su esposo
la abandonó
mientras jesús frotaba el aceite
en su otra mano
absorbía
el dolor de los sentimientos
provocados por la burla diaria
de los niños
quienes se burlaban
de su pierna coja
este defecto le provino
desde su nacimiento
a veces
la vida le parecía intolerable

mientras que jesús
frotaba sobre su frente
una y otra vez
el tibio aceite
perfumado
absorbía
todas las memorias
de cuando los romanos
se llevaron
al hijo mayor de Sara

ella recuerda
  cada día
  cuando su hijo
  se volvió
  y la miró
  pidiéndole ayuda
como madre
  ella quería defender
    a su primogénito
esa fue la última vez
  que ella vio
  a su hijo
este dolor
  estaba siendo absorbido
  por el aceite
    tibio

al estar junto de jesús
  pude sentir
  como él
  sanaba todas las partes
  de sara
las fiebres
  los escalofríos
  eran sólo síntomas
  de la oscuridad
    en su corazón

jesús
  le estaba ofreciendo
  la luz de la sanación
  al mismo centro
  de su vida

este aceite le daba calor
   a su cuerpo
   absorbiendo la ira
      que sara llevaba dentro
   contra sus vecinos
   quiénes continuamente
   la humillaban
este aceite de sanación
   estaba absorbiendo
   todo el dolor contenido
lentamente la luz sanadora
   estaba absorbiendo
      toda la oscuridad
      que estaba causando esta fiebre

sara
dijo jesús
   desaste de tu enojo
   desaste de la pequeñez
      que causa que tu propio ser
      esté lleno
      de enfermedades
   nunca más
   llevarás una carga tan pesada
deja que tu corazón sea libre
   de tanta oscuridad

sara se levantó lentamente
   más liviana
      bañada en la fragancia
      de la presencia sanadora de jesús
   la oscuridad estaba siendo absorbida
   por el aceite

sara miró intensamente a jesús
amigo
cuando entraste por primera vez
en este cuarto
sentí que podía desatarme
de todos los sentimientos venenosos
contenidos
dentro de mi corazón
a cada rato
mi hija me decía
que soltara
la amargura
el odio
causado por gente despreciable
pero no podía
hasta que sentí que pusiste
el aceite sobre mi frente
desató
lo que estaba endurecido
en mi corazón
perdoné
a los que me perjudicaron
mientras hacía esto
comencé a sentirme mejor
cuando tomaste mis manos
y frotaste el aceite
pude dejar
todos los sentimientos negativos
que me estaban destruyendo
amigo de pedro
gracias
por sanarme

por ayudar a despojarme
de todo lo que me provocaba
que estuviera en cama
día tras día
que nunca jamás
  sea mi corazón gobernado
  por lo negativo
déjame recordar
  tu toque de sanación
  el olor del aceite perfumado

jesús me pasó el aceite
  pedro ahora tú también
  eres llamado
  a ayudar a que los demás
  dejen sus lugares
    de oscuridad
    de enfermedades
  deja que este fuerte aceite absorba
  las memorias dolorosas
  la amargura
para que sus corazones
  puedan de nuevo llevar sangre
  a todas las partes de sus cuerpos
pedro
  tú también tienes el poder
  de llevar esta sanación
    a los demás
  lo que sucedió
  en este cuarto oscuro
    ahora resplandeciente
  con la luz de la sanación

    pedro
        aprende de lo que sucedió
        esta tarde
        para que tú también puedas sanar
          a otros

preguntas para reflexionar

1. ¿Qué causa oscuridad en mi corazón? ¿Qué miedos me controlan? ¿Qué odio no quiero dejar salir? ¿A quién no he perdonado? ¿Qué ofensa vive en lo profundo de mi interior?

2. ¿Puedo permitirle a Jesús que unja esos lugares? ¿Dejaré que el aceite absorba esas cosas que causan oscuridad dentro de mí?

3. ¿Puedo yo ungir a los demás? ¿Puedo yo escuchar sus dolores y heridas, y mostrarles la compasión de Jesús?

ver

lucas 18:35 – 43

Son las 7:30 de la mañana en Torrance, California. Oscar está sentado enfrente de mí con sus manos esposadas, y me indica que me ha visto. Hablé con sus padres antes de ir a la corte. Oscar fue trasladado recientemente del Centro de Detención Juvenil a la Cárcel del Condado. Su abogado me mostró lo escrito en sus papeles de transferencia. Se me hace difícil creer las acusaciones escritas ya que Oscar es un joven muy serio y meditativo. Por muchos meses, él participó activamente en la clase de meditación del Centro de Detención Juvenil.

Esta mañana escribí dos párrafos que hablan en su defensa. Me paro frente al juez. Comienzo a hablar del traslado injusto de Oscar hacia la Cárcel del Condado. Afirmo que se debió simplemente a la actitud de algunos miembros del personal. El juez simplemente dice, "Si algunos miembros del personal están actuando de esa manera, ¿por qué no entabla una queja?"

Ahí está. El mundo del poder y del privilegio, que nunca va a poder entender a este otro mundo en el que Oscar vive. Le digo al juez que otra queja ya había sido entablada pero que ésta no cambió el comportamiento del personal. Lo que experimenté esa mañana es algo en lo que pienso cada vez que me dirijo a esa corte. Si no has vivido de alguna manera lo que el otro sector de la sociedad experimenta, nunca serás capaz de ver lo que realmente tienes enfrente. Ellos piensan que pueden ver, tal como los fariseos pensaban que veían, pero en realidad están ciegos, totalmente ciegos, a la realidad del otro.

El juez piensa que él entiende la realidad de los que son encarcelados, pero ese día en la corte comprendí el inmenso abismo que hay entre esos dos mundos. Poder ver, en verdad poder ver, es un don que necesitamos con urgencia. El juez me recordó lo difícil que es comprender a los pobres si no caminamos con ellos, con la base, con los que de alguna manera han sido marginados.

Lo que hizo aún más trágico aquel viernes por la mañana fue que sentenciaron a Oscar a una condena de por vida sin posibilidad de reducción por buen comportamiento. Y él es inocente del crimen que se le imputa.

Cuando estuvieron cerca de Jericó, había un ciego sentado al borde del camino que pedía limosna. Oyendo el paso de la gente, preguntó qué era aquello. Le dijeron: "Es Jesús el Nazareno que pasa por ahí." Y se puso a gritar: "¡Jesús, hijo de David, ten piedad de mí!"

Los que iban delante le respondieron que se callara, pero él gritaba más con fuerza: "¡Jesús, hijo de David, ten compasión de mí!" Entonces Jesús se detuvo y ordenó que se lo trajeran. Cuando el ciego estuvo cerca, Jesús le preguntó: "¿Qué quieres que haga por ti?" Él respondió: "Señor, haz que vea." Jesús le dijo: "Recobra la vista, tu fe te ha salvado."

Y en el mismo instante, el ciego pudo ver y empezó a seguir a Jesús, alabando a Dios. Y todos los que estaban ahí alabaron también a Dios.

el sol estaba que ardía
   derramando sus rayos
oscuridad
   por años
   me he sentado
   en la oscuridad
   con mi tazón
   estirado
   recibiendo apenas para sobrevivir
ya he hecho mi rutina
   nada nuevo
   nada diferente
   día tras día
agradecido
   con los pocos amigos
   que me apoyan
   cuando las cosas se empeoran
jesús va pasando
   su nombre
   era mencionado
sentado en la oscuridad
   sin luz
   sólo oscuridad
jesús se acercaba
   se podía escuchar
   a las multitudes que se acercaban
grité desde lo más profundo
   jesús me gustaría

poder ver
me paso el día
en la misma rutina
todos los días
por la noche
regreso
a mi casa vacía

deseo poder ver
para que la vida
tenga sentido
y no sólo reaccionar
ante la vida
para poder ver
tener visión
para saber
hacia adonde voy
yo deseaba tanto esto
que quería llamar
su atención
grité
lo más fuerte que podía
jesús
estoy aquí
jesús
mi voz
navegaba por los aires
jesús
de pronto todo estaba callado
incluso la multitud
estaba calmada
silenciosa

alguien se sentó
a la par mía
en silencio
mi nombre es jesús
¿en qué te puedo ayudar?
jesús puso sus manos
sobre mi hombro
¿cómo te llamas?
jesús mi nombre
es moisés
yo te grité
para preguntarte
si me puedes ayudar
a recuperar mi vista

moisés
¿en verdad quieres
ver?
¿en verdad quieres
dejar
tu oscuridad
a la que te has
acostumbrado?
¿estás listo
para poder ver?
jesús
puso sus manos
sobre mis ojos
abbá
veo a mi hermano moisés aquí
él ha estado
en la oscuridad

por mucho tiempo
haz que él pueda ver
para que pueda ver
   en verdad
lo que tú quieres
   que hagamos
   sin importar nada más
abbá
   esto es muy difícil
abbá
   que tu poder sanador
   se vierta en moisés
   así que cuando él abra
      sus ojos
   y vea
   que él en verdad pueda ver
   no como estos fariseos
   que piensan que
   pueden ver
      pero lo cierto es que ellos
      están más ciegos
      que moisés
abbá
   para ver lo que tú realmente deseas
   adonde tú quieres
      que caminemos
   para verte a ti
   en los momentos grandes y pequeños
      del día
los fariseos piensan que te ven
   están tan convencidos
   que ellos saben el camino

ellos están perdidos
   ellos no pueden ver
   se la pasan
   tropezándose
   todo el tiempo
   caminando en círculos
el tener ojos para ver
   es tan diferente
te pido
   abbá
   que le des a moisés
   tus ojos para que él vea
   para que pueda ver
     con compasión
   para que pueda ver
     con amor
no solamente
   para repasar la rutina
     del día
no solamente
   para subsistir
   sino que tenga visión
   tu visión abbá
     para que pueda ver
       lo que tú deseas
     para que pueda ver
       con el corazón
     para pueda ver
       lo que tú deseas

moisés
   lentamente abrió sus ojos

al principio
  sólo vio sombras
  sólo vio el perfil del rostro de jesús
tocando su rostro
  gracias jesús
    por darme la vista
  que nunca vuelva a
    vivir en la oscuridad
el gozo se esparció
  por el corazón de moisés
  por poder ver
    en verdad poder ver
  mientras que muchas personas
  siguen ciegas
  por el resto de sus vidas

preguntas para reflexionar

1. ¿De qué maneras estoy ciego?

2. ¿Existen personas a las que rehúso ver? ¿Quiénes son? ¿ Hay partes de mi ser que no puedo enfrentar? ¿Cuáles son?

3. ¿En verdad quiero ver? ¿Dejar todo a lo que me he acostumbrado? ¿Estoy listo para ver lo que Dios desea de mí?

redes

lucas 5:1-11

Durante sus dos años en el Centro de Detención Juvenil, Rubén era como una luz brillante. El es un líder nato. Si no estuviera encarcelado por estar involucrado en una balacera, sin duda sería miembro del concejo de la ciudad. Participaba en muchas de las actividades del Centro Juvenil, especialmente en el teatro. Actuaba y hablaba sin esfuerzo alguno. También se unió al grupo de meditación.

Conversé con Rubén un miércoles por la noche. Al día siguiente tenía que decidir aceptar o no los años de condena que se habían declarado para él.

El fiscal del distrito le ofrecía un arreglo de dieciocho años. El me dijo que pensaba ir a corte, pelear su caso, y ganar. ¿Qué pensaba yo? Yo me decía a mí mismo que no fuera tan torpe de tratar de disuadir a este joven de lo que él estaba pensando. Yo tenía mi opinión, pero también me di cuenta de la seriedad de la decisión. Si él llegara a perder ya no iba a poder ver este mundo con los ojos de un hombre libre; si llegara a ganar se iría a casa. Recuerdo que le dije, "Rubén, tú necesitas escuchar a tu corazón y pregúntarle a Dios lo que él quiere que tú hagas." Los dos meditamos. Tratamos de llegar a un nivel en el que pudiera escuchar la voz sutil de lo que deseaba y, a la vez, oír lo que

Dios deseaba para él. La pregunta clave era ¿qué decisión me dará más vida? Tomar cualquier decisión es algo muy complejo.

Los días en que estos jóvenes practican la meditación contemplativa pretenden desarrollar en ellos una capacidad que les permita poder moverse a un lugar que les brinde algo de paz. La contemplación los puede conducir a ellos a un lugar en el cual son consientes de lo que está sucediendo en su interior, en donde sean capaces de escuchar los movimientos sutiles que ocurren dentro de sus corazones.

Rubén tomó su decisión y fue la correcta. Él sabiamente aceptó el arreglo. Rubén aprendió a una edad muy corta a no excluir a Dios en la toma de una decisión que afectará el resto de su vida.

Cierto día era mucha la gente que se apretaba junto a él para escuchar la palabra de Dios, y él estaba de pie a la orilla del lago de Genesaret. Vio dos barcas amarradas al borde del lago. Los pescadores habían bajado y lavaban las redes. Subió a una de las barcas, que era la de Simón, y le pidió a éste que se apartara un poco de la orilla; luego se sentó en la barca y empezó a enseñar a la multitud.

Cuando terminó de hablar, dijo a Simón: "Lleva la barca a la parte más honda y echa las redes para pescar." Simón respondió: "Maestro, hemos trabajado toda la noche sin pescar nada, pero, si tú lo mandas, echaré las redes." Así lo hicieron, y pescaron tantos peces que las redes estaban por romperse.

Pidieron por señas a sus compañeros que estaban en la otra barca que vinieran a ayudarlos; llegaron, pues, y llenaron tanto las barcas, que por poco se hundían. Al ver esto, Simón Pedro se arrodilló ante Jesús, diciendo: "Señor, apártate de mí, porque soy un pecador." Pues tanto él como sus ayudantes estaban muy asustados por la pesca que acababan de hacer. Lo mismo les pasaba a Santiago y a Juan, hijos de Zebedeo, compañeros de Simón.

Pero Jesús dijo a Simón: "No temas, de hoy en adelante serás pescador de hombres." Entonces llevaron sus barcas a tierra, lo dejaron todo, y siguieron a Jesús.

la amplitud del lago
      se estiraba hasta el infinito
         algunas de sus partes
         son muy hondas
      el azul oscuro
         del cielo se refleja en él
toda la noche anterior
         en el mismísimo corazón
         de la oscuridad
      lanzamos nuestras redes
      una y otra vez
         hacia la noche
las redes golpeaban el lago
      salpicando
      hundiéndose
nuestras manos
      estaban esperando ver
      que las redes
         lograran algún éxito
      la luna brillaba fuertemente
nos movíamos lentamente
      sobre la superficie del lago

esperando tener mejor suerte
cada vez que tirábamos las redes
mi mente divagaba
en la intensidad
de estos últimos días
los problemas
las dificultades
a pesar de que
no pescábamos nada
esta pesca era mucho más fácil
que el enredarse
con los desafíos de jesús
que a diario se nos presentaban
los pájaros seguían nuestra barca
sumergiéndose
y saliendo del agua
siento
que a pesar de que
nuestras redes
no encontraban suerte
en las aguas del lago
a la vez
he sido afortunado
por conocer
a alguien como jesús
cada día
que he caminado junto a él
he sido conmovido
sorprendido
por su manera de ser
se llegó el tiempo de regresar
a la orilla más cercana

podía ver
   desde la barca
   que la multitud comenzaba
   a congregarse
   esperando escuchar más
     del nazareno
cuando el sol apenas salió
   esparciendo sus rayos intensos
     sobre la superficie
       del lago
   llegamos
nos sentamos por un rato
   observando a jesús
   que comenzaba
   a hablar
de nuevo
   algo muy fuerte
   se rompió en mi interior
   sólo por mirar a jesús
   cuando se acercaba
   a los que estaban reunidos
   en la orilla
ellos estaban hambrientos
   en búsqueda de algo
   que estaban hallando
   en jesús
observando todo esto
   comencé a sentirme abrumado
   demasiada gente
   se juntaba alrededor de jesús
al bajar de la barca
   jesús se detuvo

se acercó a mí
preguntando si
le podía permitir
hablar desde el bote
de nuevo me sentí afortunado
claro jesús

jesús habló por horas
   a la multitud
   pero apenas se sintió
      el paso del tiempo
finalmente jesús se sentó
   pedro
   ahora me gustaría ayudarte
      vamos a pescar
yo me reí
   jesús me honras
   al estar contigo
   mientras hablabas
   con todas estas buenas gentes
pero jesús
   yo soy el pescador
   ya es muy tarde
   para pescar
      no agarraremos nada
jesús me miró
   sonrió y dijo
      vamos

sí jesús
   vamos a tratar de pescar
tomando los remos
   salimos rápido

sin ritmo
deslizándonos
sobre la superficie del lago
    el sudor bajaba por mi cara
jesús
    se acercó
    hasta donde
    me encontraba remando
      frenéticamente
puso su mano
    sobre la mía
    de repente cambió el ritmo
      del trabajo
    ya no remaba bruscamente
    sólo quería llegar
    ¿pero adónde?
ahora remaba con movimientos suaves
    hacia atrás y adelante
    colocando el remo
    en el agua
    una y otra vez
al tener a jesús
    a mi lado
    ahora remar
    no me costaba
    tanto trabajo
estábamos avanzando
    con facilidad
yo comencé a disfrutar
    mucho más
    que cuando estaba esforzándome
    sin sentido

trabajando así
también sentía
una cercanía
con jesús
mirándolo
a él
podía sentir
lo mucho
que él estaba disfrutando remar
después de hablar toda la mañana
jesús se estaba relajando
en verdad me gustaba
la manera de trabajar de jesús
como él hacía las cosas
él seguía desafiándome
en la manera de apresurarme
de sentirme abrumado
por todo
al estar sentado en el bote
remando
hacia el centro
del lago
sentía una presencia fuerte
recordé
que cuando tenía ocho años
iba a la sinagoga
para aprender las escrituras
una noche
yo caminaba
bajo las estrellas
sentí que algo se abrió
muy dentro de mí

después de estudiar ese día
  de donde proviene
  la palabra dios
yo sentí aquella noche
   bajo las estrellas
  un profundo amor
  hacia este dios
no sólo en mi mente
  sino que sentí una presencia
  que se apoderaba de mí
  me estremeció
  me dejó
   diferente
hoy
  siento esa presencia
   al ir remando
  con jesús
yo hago lo que hago
  por el amor
  que mueve a mi corazón
mirando
  a los ojos de jesús
  siento fuertemente
  la misma presencia
  que aumenta
  el amor
   que llena mi corazón

jesús paró de remar
  deteniendo el movimiento del bote
estábamos cerca
  del centro del lago

mirando a la distancia
  apenas veíamos la orilla
había mucha quietud
  en aquel momento
no había más
  sonidos de los remos
  golpeando el agua
ahora solamente
  había silencio
jesús miraba
  alrededor del lago
  yo no sabía
  hacia adonde quería
  que tiráramos las redes
¿por qué nos detuvimos
  en este lugar?
jesús
  mirando hacia el agua
  cerca de la parte de atrás
  del bote
  dijo suavemente
    allí
yo pensaba
  mientras agarraba
  los bordes de las redes
  algunas veces
  parece muy difícil
  saber
    durante el día
  ¿en dónde se debe detener el bote?
  ¿cuál es el lugar correcto
    para pescar?

él sabía

jesús
   necesito tener presente
   este momento
ayúdame
   a no olvidar
   a preguntarte
   ¿dónde?
   ¿dónde están los pescados?
tú ni siquiera eres pescador
   y aún así sabes pescar
necesito pédirte ayuda
   para saber
   que hay debajo de la superficie
jesús
   toda la noche estuvimos
      en este mismo bote
      tratando de pescar
   toda la noche
      traté
      confiando solamente
      en mi poder
jesús
   ¿qué sucede
   cuándo sólo
   confío en mi poder?

con jesús a mi lado
   levantamos las redes
   todos los que ibamos en el bote
tiramos las redes
   a la quieta superficie del lago

estas caían sobre
el azul oscuro
hundiéndose más y más
esperando
de repente sentimos un jalón
pronto pudimos ver
que las redes se llenaban
con muchos peces
jesús
hay tantos lugares
en los que nos pudimos
haber detenido
pero sólo aquí
es que hay
tanta abundancia
de peces
¿cómo sabías
que este era el lugar
para encontrar a los peces?
cuando yo hago
todas las actividades
los movimientos
los planes
siempre me pregunto
¿será este el lugar?
¿será este el lugar
en el que tú quieres
qué me quede?
una y otra vez
me hago
esta misma pregunta
¿será este el lugar?

ayúdame jesús
  a aprender
  a ser un buen pescador
  para saber
    dónde quieres
    que detenga el bote
    y tire las redes
  para encontrar
    peces en abundancia

me pregunto
  si encontrar el lugar
    y pescar
  ¿es tan importante
  para ti maestro?
jesús retiró su mano
  del borde las redes
se acercó
  adonde yo estaba
jesús ¿en verdad importa?
pedro
  ayer observé
    como ayudaste
    a todos los pescadores
  anoche
    vi cuando salías a pescar
  esta mañana
    me sentí agradecido
    cuando me prestaste
    tu bote
¿qué si lo que tú haces
  me afecta

me conmueve?
pedro
  tú me conmueves
  por lo que haces
unas lágrimas tibias y grandes
  caían por la cara de pedro
jesús
  puso su brazo
  alrededor de pedro
    mientras las redes
    se llenaban más
pedro
  ¿cómo te puedo decir?
  aprecio mucho
    y de diferentes maneras
  lo que tú haces
aún más
  cuando terminemos
  con esta pesca
  me gustaría
  hablar contigo
  acerca de un diferente
  tipo de trabajo
al sentir el jalón de los peces
  también sentí una tibieza
  en mi corazón
  las horas que he caminado
    con jesús
  las ocasiones que le he ayudado
  las situaciones difíciles
se sentía bien
  saber

que esto era de importancia
para él
que conoce
en donde se encuentran los peces
sentía que algo
muy grande
estaba sucediendo
en ese lugar
al estar a la par de jesús
él me estaba ayudando
a ver más allá
de la superficie
a ver nuestras vidas
en un nivel más profundo
que la vida
no consiste
en hacer las cosas mecánicamente
sino que
en saber
el porqué hacemos
lo que hacemos
lo que nos motiva
a hacer las cosas
desde las más humildes
a las más grandiosas
lo que importa es el amor
y cómo
en un nivel más profundo
nuestros trabajos
nuestras acciones
pueden ofrecer placer
felicidad

al ser que ha creado todo esto
se llegó el momento
  de subir las redes
todos nos concentramos
  en subir la pesca
trabajando con los compañeros
  siento una dicha
    que sólo proviene del trabajo
    realizado en colectivo
    realizado en unidad
  al trabajar juntos
  experimento
    un momento puro
      satisfacción

subimos la pesca
  sin esfuerzos
  adentro del bote
sabía que este sentimiento
  no iba a durar
  por eso fue bueno
    disfrutar el momento
  así que cuando vengan
  los momentos difíciles
  podré recordar
  este momento dichoso
  de trabajar en unidad

comenzamos a sentir
  el peso de las redes
  en nuestras manos
nunca pensé
  que íbamos a poder pescar

estando el sol tan alto
las redes rebalsaban
    con pescados grandes
jesús dijo
    pedro acércate
    pon tus pies
    en este lado
    del bote
me acerqué
    a jesús
de nuevo sentí
    como si las redes se hundieran
    más y más
    pero esta vez
    esto sucedía
    en mi interior
    al estar más cerca
        de ti jesús
    al acercarme
        para recoger esta pesca

mis brazos me dolían
    por el peso insoportable
        de los peces
    ibamos a necesitar ayuda
        de los otros botes
sentía dos emociones
    al mismo tiempo
    una era al acercarme a jesús
    la otra la presión
        los cordeles que quemaban
        las palmas de mis manos

el peso de la pesca
  había alcanzado
  el punto de ser imposible
    de subir
  era demasiado
jesús
  esto parece ser
    como la vida misma
  parece ser
    que la mayoría de las veces
    es imposible
    con tanta presión
    que nos jala
jesús
  muchas veces
    mientras pesco
  no sé si tendré
  la fuerza
    de subir la pesca
  debido a las situaciones imposibles
jesús
  siento en este momento
  que deseo estar
  más cerca de ti
no sólo porque
  tienes unos instintos natos de pescador
sino porque siento
  que tú me estás invitando
    con esta manera de pescar
  a que seamos más amigos
me paré a la par de jesús
  jalando con fuerza

los cordeles
el sudor nos emanaba profusamente
pedro
estás en lo cierto
recuerda
que cuando terminemos aquí
vamos a hablar
pedro
ya no trates de hacerlo solo
el peso de las redes
en mis manos
no solo disminuyó
con jesús
a la par mía
también jalando
sino que había algo diferente
al trabajar juntos
usando todas nuestras fuerzas
jesús te estoy agradecido
por este día
yo pensé que iba
a regresar a mi casa a dormir
pero estoy agradecido
por lo que me estás enseñando
llegamos a la orilla
limpiamos las redes
que agarraron tanto pescado
las doblamos
y las pusimos cuidadosamente
dentro del bote
nos sentamos en la arena
mirando hacia el lago

se sentía bien
    haber agarrado aquella pesca
estaba pensando en los instintos de pescador
    que tiene jesús
    cuando su sombra
    pasó sobre
    el lugar donde yo estaba sentado
jesús
    se sentó a la par mía
pedro
    ¿qué piensas de
    la pesca de hoy?
recuerdas
    que quería hablar contigo
        acerca de algo
    cuando termináramos
        de pescar
si jesús
    claro que lo recuerdo
bueno pedro
    yo quiero que tú seas
        un pescador
        pero de una manera diferente
    yo quiero que tú me ayudes
        en la construcción
        del reino de dios
    ayudando a los demás
        a crecer
        a acercarse
        al ser supremo
jesús
    ¿ayudarte

en un proyecto
para hacer de este país uno mejor?
¿un trabajo
que hará que los demás
conozcan a dios
más de cerca?
jesús
yo sólo soy un pobre pescador
no tengo las cualidades
para realizar
ese tipo de trabajo
pedro
tengo una pregunta para ti
¿qué sentiste cuando
ibas remando hacia el centro del lago
junto a mí?
¿al tirar las redes?
¿al sentir los jalones
en tus manos
de una pesca tan grande?
jesús
me gustó mucho
trabajar el día de hoy
junto a ti
hoy
desde temprano en la mañana
observé los rostros
de los que se congregaron
en la orilla del lago
ellos fueron conmovidos
por lo que dijiste
tú les diste esperanza

sentí que dios
   estaba con nosotros
   pero ¿ayudarte?
jesús
   me sentí diferente este día
siento que tal vez
   sea posible
un tremendo amor
   se apoderó
   de mi corazón
   parecido
   al tiempo en que dios
   guió a su pueblo
   hacia la libertad
      en egipto
¿ayudarte a ti jesús?
   para que los demás puedan
      en verdad sentir este amor
   para que sus vidas
      sean diferentes
   para que lo que vean
      lo que hagan
      sea diferente
   debido a este amor
      de dios
jesús
   ¿qué te puedo decir?
sí jesús
   te seguiré
   te ayudaré
   con este proyecto

preguntas para reflexionar

1. En ocasiones, ¿trabajo frenéticamente y solo? ¿en mi trabajo? ¿en mi casa? en mis relaciones? ¿He tratado de cambiar mi ritmo? ¿Puedo permitirle a Jesús que cambie mi ritmo?

2. Se me olvida preguntarle a Jesús ¿en dónde se encuentran los peces? ¿en dónde quieres que esté yo?

3. ¿Cómo mantengo una postura abierta para poder ver "debajo de la superficie, el nivel más profundo de nuestras vidas"? ¿Me recuerdo de preguntarle a Jesús para que me muestre ese lugar más profundo?

4. ¿Soy llamado a trabajar junto a Jesús? ¿De qué manera experimento ese llamado? ¿Soy lo suficientemente bueno para hacer el trabajo de Dios?

estrellas

mateo 14:22-23

Richard tiene diecisiete años de edad. Ha estado encarcelado por siete largos meses. El fue bautizado durante la liturgia semanal que hicimos en el gimnasio un día domingo. El día miércoles, antes de ese domingo, yo llegué temprano al Centro de Detención Juvenil con la idea de darle más tiempo para hacer el Sacramento de la Reconciliación.

La siguiente semana invité a treinta jóvenes que estaban presentes en la unidad para celebrar la Reconciliación. Richard se paró entre el grupo y dijo: "Me siento diferente después de la confesión. Ya no siento la presión por lo que hice. Nunca he hablado en serio con nadie acerca de lo que ha sucedido en mi vida. Me siento muy bien. Yo sé que Dios me ha perdonado. El hará que los corazones de quienes he dañado también me perdonen. Se sintió muy bien al poder hablar con alguien a quien le puedes contar todo." El inhaló fuerte y agregó: "Todos ustedes se sentirán mejor si lo hacen."

Esa tarde muchos de los jóvenes decidieron realizar este sacramento debido al testimonio de Richard. Esa noche al regresar a casa estuve pensando en el increíble poder de este sacramento. Estaba contento de que Richard pudiera de alguna manera sentir lo que es ser perdonado, y feliz que otros fueron animados a hacer lo mismo.

Inmediatamente después, Jesús obligó a sus discípulos a que se embarcaran y fueran a esperarlo al otro lado, mientras él despedía a la muchedumbre.

Una vez que los despidió, subió solo a un cerro a orar. Al caer la noche, estaba allí solo.

> necesitaba estar solo
>> estar solo
>> después de haber estado con la gente
>>> todo el día
> toda la tarde estuve anhelando
>> ir a la montaña
>> para estar con mi abbá
> mi cuerpo descansó
>> con la quietud
>>> de la noche
> miraba a las galaxias
>> las estrellas cubrían todo el cielo
> respiraba el misterio
>> la grandeza
>>> de estar entre la soledad
>>> de este lugar
> lentamente
>> desde un lugar muy profundo
>> oraba
> abbá
>> abbá te siento cerca

mientras miro
el resplandor
de estos millones de estrellas
danzando alrededor
abbá
   sólo necesitaba
   estar en este lugar solitario
     lejos de las multitudes
     lejos de todos
   sólo sentarme aquí
   pronunciando tu nombre
     abbá
   entre la obscuridad
   de la noche
abbá
   mi espíritu se siente abatido
     en lo más recóndito
   todo lo que la vista
   puede alcanzar a ver
   son las estrellas
     brillantes
     resplandecientes
abbá
   este misterio me llena
   de asombro
alzo mis brazos
   y toco tu rostro
   y tú
   con tu presencia envuelves
   mi alrededor
mi corazón está lleno
   en esta soledad

abbá
  siento como si
  me pudiera quedar aquí
  para siempre
    respirando tu presencia
abbá
  el misterio
  que recorre mi cuerpo
    en esta oscuridad
    en medio de la noche
  está relacionado
  con todo
  lo que ha pasado
  esta semana
mi corazón palpita más rápido
  cuando los rostros
  de tantos seres aparecen
siento con todo esto
  un misterio aún más grande
  que el cielo cubierto de estrellas
abbá
  pronuncio tu nombre
  y se pierde
    entre las estrellas
  y sin embargo tú estás aquí
    a mi lado
abbá
  estoy sentado aquí
  mirando el espacio iluminado
ayer caminé
  hacia cafarnaúm
  pedro me pidió

que fuera a hablar
con el hijo de su vecina
caminé hasta
donde los romanos lo tenían detenido
él tiene quince años
se llama rufino
cuando entré a su celda
rufino no me podía ver
sentía lo mismo
que siento
en este momento
un gran misterio
sintiendo tu presencia
le pregunté cómo estaba
y él me empezó a ver
por un buen rato
no dijimos nada
ni una sola palabra
pero en el momento adecuado
le pregunté
¿qué pasó?
¿qué sucedió?
poco a poco él me contó
como una noche
él estaba enojado con simón
su compañero de clases
que le había robado el dinero
por el cual había trabajado
durante todo el año
con la protección de la noche
rufino esperó que el muchacho regresara
a su casa

él lo atacó
   sólo planeaba
   recuperar su dinero
   pero rufino
   sacó su navaja
   en un momento de ira
      de odio
   apuñaló a simón
ahora él recuerda
   haber visto el rostro de simón
   mientras caía al suelo
   la sangre brotaba de su boca
rufino no lo quería matar
   esa no había sido su intención
   solo quería vengarse
el otro cayó al piso
   su cara retorcida
     angustia
     dolor
     recorrieron por todo el lago
las manos de rufino
   estaban cubiertas de sangre
el otro estaba en el piso
   muriéndose
   apenas respiraba
rufino
   sintió una sensación enfermiza
   que lo desgarraba
   por dentro
él quería vomitar
   mientras miraba como la vida
   salía del cuerpo de simón

en ese momento
   desde atrás
   un grupo de soldados romanos
   lo capturaron

mientras rufino terminaba
   de contar este suceso
   puso su cabeza
   entre sus manos
   y lloró desconsoladamente
      enormes lágrimas cálidas
      caían de sus mejillas

me despierto
   cada noche con escalofríos
   veo la expresión
   del rostro de simón
   después de que lo apuñalé
   y en ese momento
   no puedo respirar
nunca lo quise matar
   ¿en verdad fui yo
   quien le metió un cuchillo
   en su corazón?
no sé que hacer

jesús respiraba más profundamente
   el enigma de estar
   en el misterio de su abbá
mirando hacia arriba
   las estrellas caían del firmamento
   disparándose
   a través del cielo

al estar aquí
  en esta montaña
  en la soledad
  en la presencia
  de su abbá
teniendo en mente
  que pronto necesitaría
  darle una mano a sus discípulos
    en el lago
pero ahora
  necesitaba orar
abbá
  ser grandioso
  me sentí impotente
  ayer
  en ese momento con rufino
    puse mis manos
    sobre sus hombros
    y dejé que
    llorara
  realmente no había necesidad
  de decir algo más
    hubo algo profundo
había una quietud
  abbá
  como la de ahora
    al estar solo contigo
  los sentimientos de ayer
  penetraron
  la celda
  nos dimos cuenta
  de lo serio que es

acabar con la vida
de otro
y la pérdida
que los padres de simón
sus hermanos y hermanas
experimentaron
después de que su cuerpo
ya no tenía vida
el futuro de simón
había terminado
ya no sería más
no más escuela
no más amigos
no más nada
quedó solamente
la memoria
de la sangre que brotaba
de la boca de simón
el arrebato
de los sueños
de terminar
con sus posibilidades
de ser un esposo
un padre
en menos de cinco minutos
todo
era diferente
había cambiado
para siempre
irrevocablemente
una sensación pesada
llenó la celda

jesús
recordó
como puso sus manos
sobre la cabeza de rufino
dándole fuerzas
para orar
lleno de lágrimas
con el corazón herido
dios
desde pequeño
me enseñaron
a respetar la vida
a hacer el bien
ahora vengo ante ti
en este momento
para pedirte dios
que me perdones
por quitarle la vida
a simón
no se por qué
lo hice
cuanto deseo
con todo mi corazón
no haber vivido
esos cinco minutos
pero sé
que eso no puede suceder
te pido a ti dios
y le pido a su familia
que me perdonen
en ese preciso instante
parecía como

si una corriente de agua fría
   hubiese recorrido
   por el cuerpo de rufino
empezando
por los dedos de jesús
   corriendo hacia su cabeza
   dentro de su corazón
   por sus pies
hasta el piso
como una profunda limpieza
permitiendo que la mugre
se lavara
hasta el piso
jesús
   al sentir esta limpieza
   oró suavemente
abbá
   pido por mi hermano rufino
   lo que a hecho
   es impenetrable
      misteriosamente inexplicable
   siento abbá
   que el sufrimiento de rufino
      es genuino
   su arrepentimiento
      es verdadero
   como sus lágrimas
    lo demuestran
    no son superficiales
   salen no por haber sido capturado
   sino porque sabe que cometió
    un horrendo error

causando
consecuencias
   indescriptibles
   dolorosas
para otros
que conocieron
y amaron a simón
abbá
   tú que eres amoroso
      y misericordioso
   te pido
   que perdones a rufino
   recibe mi plegaria
poderosas corrientes rojas
   explotaban
   en el corazón de rufino
      perdonado
      perdonado
   explotaban
   sintiendo que un peso insoportable
   se le quitaba de encima
   mientras que el perdón
   resonaba en su interior
empezar de nuevo
   ser perdonado
   ya no van haber más pesadillas
      ni escalofríos
   después de este sentimiento
      de exoneración
      de perdón
   el poder
      de ser perdonado

jesús
    miraba hacia arriba
        a las estrellas agrupadas
        en las galaxias
    más allá de la compresión
        el misterio de este universo
        abarcando todo
ser perdonado
    por alguien que dio vida
        que es vida
    al estar tan profundamente
    arrepentido
el que nos da vida
    pueda liberar
    a éste
        que la quitó
dándole así
    otra vida
    y así poder comenzar
    de nuevo
rufino abrió sus ojos
    sintiendo
    como que si hubiera despertado
    de un sueño
pero esta vez
    no fue de una pesadilla
    sino de un sueño
    que le había cambiado
    su vida para siempre
jesús
    gracias
    por perdonarme

jesús
    recordó todo esto
    del día anterior
    en la soledad
    de esta montaña
jesús
    sintió a su abbá muy cerca
    sintiendo profundamente
    el poder del perdón

preguntas para reflexionar

1. ¿Me he sentido sin poder, tal cómo Jesús se sintió cuando estuvo con Rufino? ¿Cómo fue ese momento? ¿Cómo experimenté la presencia o la ausencia de Dios?

2. ¿Existen "cinco minutos" en mi vida que deseo no haber tenido? ¿Qué fue lo que hice? ¿He pedido perdón por eso?

3. ¿En verdad creo que el abbá de Jesús puede perdonar todo? ¿Cómo experimento el perdón en mi vida? ¿En qué parte de mi vida necesito ser perdonado?

imposible

mateo 14:24–33

Llegué a la Unidad de Alto Riesgo, MN, del Centro Juvenil el día domingo a eso de las 8:30 de la mañana. Me senté con Marlon quien iba a ser sentenciado el día siguiente. El estaba distraído; no se enfocaba en nuestra conversación. El aceptó un arreglo de nueve años y al día siguiente iba a ser sentenciado por su crimen de asalto armado. No quería hablar del asunto.

Durante los años que he trabajado en el Centro de Detención, he visto a jóvenes cambiar mucho, pero nunca había visto algo igual a la transformación que ha experimentado Marlon. Durante los últimos meses hemos pasado hablando largas horas de como él terminó perteneciendo a una pandilla. También hablamos de su familia, de sus sueños. Su rostro mostraba sinceramente lo mucho que él quería cambiar si tan sólo tuviera otra oportunidad. Le pregunté a Marlon que si le gustaría que yo fuera a su sentencia el día siguiente. El me dijo que no había ninguna diferencia, que si yo quería estaba bien.

Al día siguiente llegué a la corte, y finalmente, después de dos largas horas de espera, llegó el turno de Marlon. El estaba muy serio. Cuando le tocó hablar lo hizo desde el corazón. La juez le dio su atención en todo momento.

Llegó mi turno de hablar. Miré a la juez diciendo: "Su señoría, yo creo que este joven merece otra oportunidad. Tal como dice Marlon, el hombre que usted ve ahora, es un hombre muy diferente al hombre que cometió el crimen." La juez lo sentenció a cinco años bajo la Autoridad Juvenil. Esta reducción de sentencia, después de aceptar un arreglo, casi nunca sucede. Parecía imposible, pero en verdad sucedió.

La semana siguiente Marlon escribió un artículo en su clase de escritura acerca de un milagro: "El Fiscal quería que yo aceptara cumplir más tiempo. Su esfuerzo falló. La juez denegó su argumento. La juez dijo: "Yo le voy a ayudar. Recuerde que usted iba a perder treinta años de su vida por el crimen que cometió. Pero tengo el presentimiento de que usted hará algo mejor con su vida." Supe entonces que un milagro acababa de suceder.

Marlon fue a la Autoridad Juvenil, sacó excelentes calificaciones (todas A) mientras atendía clases a nivel universitario. Luego, recibió una beca completa de la Universidad de Santa Clara.

Entre tanto, la barca estaba muy lejos de tierra, sacudida fuertemente por las olas, porque soplaba viento en contra.

De madrugada, fue Jesús hacia ellos caminando sobre el mar. Al verlo caminar sobre el mar, se asustaron y exclamaron: "¡Es un fantasma!" Y llenos de miedo comenzaron a gritar. Jesús les dijo al instante: "Ánimo, no teman, soy yo." Pedro contestó: "Señor, si eres tú, manda que yo vaya a ti caminando sobre las aguas."

*Jesús le dijo: "Ven." Pedro bajó de la barca, y cam-
inaba sobre las aguas para llegar a Jesús. Pero al fijarse en
la violencia del viento, tuvo miedo y comenzó a hundirse.
Entonces gritó: "¡Sálvame, Señor!" Al instante Jesús ex-
tendió la mano, diciendo: "Hombre de poca fe, ¿por qué
vacilaste?"*

*Cuando subieron a la barca, cesó el viento, y los que
estaban en la barca se postraron delante de él, diciendo:
"¡Verdaderamente, tú eres hijo de Dios!"*

mirando
   a las estrellas
   sintiendo un fuerte viento
reflexionando
   en los poderosos sentimientos
   que tuve ayer
   junto a jesús y la multitud
yo tenía mucho miedo
   de lo que podía suceder
   temeroso
   porque no teníamos dinero
     ni comida
   y la multitud era tan grande
   y hambrienta
     porque no habían comido
     durante todo el día
¿por qué he sentido tanto miedo
   durante estos últimos meses?
mientras era mecido
   para atrás y adelante
   con el movimiento
   de la barca

reflexionaba
sobre tantas cosas
a las que he tenido miedo
ahora otra vez
el temor renacía dentro de mí
cuando el viento
soplo con más fuerza
¿por qué jesús nos
habrá dejado solos?
estaba pensando en las tormentas
que han habido en este lago
cuando de repente
una luz brillante
apareció a mi derecha
mis manos se sujetaron
fuertemente
de los lados del bote
¿cuántos pescadores muertos
espantan en las profundidades
de este lago?
¿quién estará regresando
a espantarnos ahora?
una figura fantasmagórica
se acercaba más y más
el miedo me paralizaba
al ver que se acercaba aún más
¿será esta noche
que estas aguas me recibirán
en su profundidad?
tan pronto
como esta figura fantasmagórica
apareció en el horizonte

el espectro brillante le dio forma
a un rostro conocido
ahí estaba frente a mí
pero mi temor
aún reinaba en mi corazón
jesús
se acercaba al bote
el viento era fuerte
ánimo pedro
soy yo
no tengas miedo

¿no tengas miedo?
jesús
primero sentí
que nos ibamos a ahogar
y después pensé
que miraba a un fantasma
y ahora tú me dices
que no tenga miedo
jesús
me gustaría dejar
todo mi temor
aquí en el bote
me gustaría ir hacia ti
si en verdad eres tú
deja que yo vaya hacia ti

pedro
ven
me sentí movido por esta invitación
miré
a las altas olas

vi el pacífico rostro de jesús
  tan diferente a la violencia
  del viento
había una tibieza
  en sus ojos
podía ver claramente
  a jesús parado sobre el agua
  él tenía sus brazos
  abiertos
ven pedro

comencé a incorporarme
  ¿en verdad confío lo suficiente
  en ti para enfrentarme
  al viento rabioso
    a las fuerzas obscuras?
  ¿confío?
mi corazón venció
  y me encontré
  hechizado con la mirada de jesús
    una mirada tibia cautivadora
me perdí
  en el momento
mis pies me guiaban
  sobre la superficie
  del agua alborotada
miré a jesús
  ¿por qué permití que el miedo
  se apoderara de mí
  durante la noche?
miré
  directamente a los ojos de jesús

sintiéndome confiado
   sintiendo una conexión fuerte
soy capaz de hacerlo
   soy capaz de hacerlo
sintiendo esto
   miré hacia una de las olas
   sentí la fuerza del viento
   contra mi túnica
ahora miraba directamente
   al agua oscura
mis ojos ya no
   estaban enfocados en jesús
de nuevo
   el temor fantasmal
   se apoderó fuertemente
     de mi corazón
¿quién soy yo
   para poder caminar
   sobre el agua?
todas mis dudas
   mis debilidades
   me jalaron fuertemente
   hacia el agua
con la fuerza del viento aullante
   traté de resistir con todas mis fuerzas
   mientras que las fuerzas
   del otro mundo
   trataban de someterme
   bajo su poder
¿cómo fui capaz
   de apartar mis ojos
   de los de jesús?

¿por qué?
  ¿por qué parece ser
  que el miedo
  siempre está triunfando?
jesús yo pensé
  que en esta ocasión
  si iba a poder
  confiar en ti
sentí esto todo el tiempo
  que mantuve mi mirada
  en tu rostro
ahora todo lo que veo
  es oscuridad
  viendo cómo soy devorado
  por el miedo
sabía
  que solamente tenía una oportunidad
  antes de perderme
    por completo
  en este torbellino
  de oscuridad
comencé a tragar
  agua
me hundía
  más y más
grité
  jesús
  voy a morir
    me voy a ahogar
  no puedo ver nada
  ayúdame por favor
  ayúdame jesús

mi súplica
  fue llevada
  por las ráfagas del viento
no podía ver nada
  pero sentí
  un apretón fuerte
  que se apoderó de mi mano
mientras él me rescataba
  de las aguas enfurecidas
  sentía un sentimiento de alivio
  me sentí seguro
  en el abrazo de jesús
gracias jesús
  por ayudarme
  por rescatarme
   del agua
mi cuerpo aún temblaba
  de esta experiencia
  casi mortal
comencé a respirar
  en el abrazo de jesús
  dejando salir
  toda el agua
  que había tragado
jesús
  cuando traté
   de regresar
  aparté
  mis ojos de los tuyos
me siento exhausto
  pero al estar cerca de ti de nuevo
  te digo jesús

que quiero aprender
a caminar sobre el agua
comienzo
a pensar en los momentos difíciles
de mi vida
parece que nunca
va a haber una solución
a los problemas
parece que las cosas
solo empeorarán
o como ayer
nos parecía
imposible
darle de comer
a tanta gente
era imposible
en verdad imposible
pero jesús
contigo
no fue imposible
contigo
es como caminar sobre el agua
cuando les dimos de comer
a todos los que estaban allí
sentí que era imposible de realizar
lo que teníamos que hacer
era imposible
pero contigo
fue posible
jesús
en verdad quiero
caminar sobre el agua

una y otra vez
 no quiero que los pensamientos
 de lo imposible
 que son las cosas
 me vuelvan a distraer
jesús
 por eso es que
 he disfrutado caminar
  contigo
 tú tratas de enseñarme
 a caminar sobre el agua
  cada día
 pero yo siempre
 dejo que los pensamientos
 de que las cosas no son posible
 destruyan la lección
jesús
 suavemente me llevó
 de nuevo al bote
me senté
 exhausto
  desanimado
 pero a la vez sintiendo
 que no debo
 abandonar
 el aprendizaje
si algún día
 quiero caminar sobre el agua
 no dejaré
 que los pensamientos negativos
  las dudas
  el miedo

los fantasmas
        se apoderen de mí
y podré en verdad
mantener mis ojos en ti
y aprenderé a caminar en el agua
a donde tú estarás parado
esperándome con tus brazos abiertos

preguntas para reflexionar

1. ¿De qué manera soy invitado por Jesús a "caminar sobre el agua"? ¿Creo que lo puedo hacer, o desconfío de mí? ¿De qué manera me previenen mis dudas de poder "caminar sobre el agua"?

2. "¿En verdad confío lo suficiente para enfrentarme a la rabia del viento, de las fuerzas oscuras?'

3. ¿Permito qué "lo difícil de las tareas" me distraiga? ¿Cuándo fue la última vez que eso me sucedió? ¿Puedo volver a imaginar esa situación, pero esta vez manteniendo mis ojos en Jesús?

tiempo

lucas 10:38 – 42

Elizabeth, una de las muchachas del Centro de Detención Juvenil, fue bautizada este año. Su madrina, Laura, le regaló una copia de algunas de las meditaciones que he escrito. Elizabeth después de leer algunas de estas, le dijo a Laura que le gustaría hablar conmigo. Ella quería hablar acerca de sus experiencias de Dios.

Cuando la conocí, ella me habló de como Dios estaba trabajando en su vida. Algunas veces Elizabeth no podía dormir, pensando en todo el tiempo que iba a estar encerrada. Se deprimía y no podía conciliar el sueño. Cuando ella medita, siente que Jesús está allí. A ella le gusta hablar de lo que sucede durante su oración. Elizabeth es muy seria cuando habla de cómo se ha desarrollado su vida interior.

¿Cuántas veces en estos últimos dos años, me he sentado con jóvenes de dieciséis o diecisiete años que se dan cuenta de la cantidad de años que pasarán encerrados? El potencial de crecer espiritualmente es enorme y el potencial de hundirse en la oscuridad es también muy grande. Hasta hace poco, yo nunca había pensado que la palabra "místico" pudiera ser análoga con la experiencia de los que están en las cárceles o prisiones. Después de escuchar a Elizabeth y otros como ella, me doy cuenta que la invitación a tener una vida interna más profunda es posible y muy poderosa para ellos. Su mundo exterior ha sido reducido grandemente, casi como los que viven en monasterios, y esto trae consigo la posibilidad de desarrollar otras dimensiones de la persona, ir a su interior y desde allí ser capaces de vivir en prisión con tranquilidad.

El entablar este tipo de conversación religiosa con personas como Elizabeth no ocurre frecuentemente, y menos a la hora del almuerzo. Pero en nuestro caso, una atmósfera de confianza siempre se establecía en esos momentos en que la conversación religiosa surgía naturalmente. Ojalá que en los próximos doce años Elizabeth pueda crecer en su vida interna en su nuevo monasterio.

Yendo de camino, entró Jesús en un pueblo y una mujer llamada Marta lo recibió en su casa. Tenía esta una hermana de nombre María, que se sentó a los pies del Señor para escuchar su palabra. Marta en cambio estaba muy ocupada con los muchos quehaceres. En cierto momento Marta se acercó a Jesús y le preguntó: "Señor, ¿no te importa que mi hermana me deje sola para atender? Dile que me ayude.

Pero el Señor le respondió: "Marta, Marta, tú te inquietas y te preocupas por muchas cosas. En realidad, una sola es necesaria. María escogió la parte mejor, que no le será quitada.

tenía que terminar de limpiar
   el siguiente cuarto
mientras hacía esto
   mis pensamientos estaban en que
   tenía que sacar la ropa
todo esto pasaba rápidamente
      en mi interior
   mientras corría
   subiendo y bajando
   las gradas
el sudor corría sobre mi frente
quería detenerme
   y sentarme junto a mis dos vecinas
   quienes descansaban
   debajo de la sombra de los árboles
pero no podía desperdiciar
   el tiempo
   de ninguna manera
   ya que pronto tenía que estar
     en la cocina
     preparando la comida
siempre parecía
   que mi vida estaba oprimida
   por tantas responsabilidades
miré
   como mis vecinas
   tomaban
   sus refrescos
¿por qué estaba tan molesta
   que ellas disfrutaran de ese momento?
yo estaba muy ocupada
   para disfrutar de nada

dentro de mí
   de cierta manera
   deseaba un cambio
   al saber que la vida
   puede ser diferente
     diferente
escuché que tocaban
   fuertemente
   la puerta de abajo
   sentí por dentro
   que no deseaba
   ser molestada
   porque tenía mucho trabajo
   más de lo que podía realizar
   en tres mañanas de trabajo
esperaba
   que mi hermana
   contestara la puerta
   pero eso no sucedió
rápidamente
   bajé las gradas
     para ver
     quién era que tocaba
     con tanta fuerza
     la puerta de enfrente
¿cómo pueden mis vecinas
   vivir sin presión?

llegué a la puerta de madera
   abrí lentamente
   directamente enfrente
   había un grupo pequeño

mi hermano
estaba con ellos
miraba
al rostro de jesús
sus ojos
estaban cansados
pude notar
que este grupo había caminado
durante toda la mañana
el cansancio
colgaba sobre ellos

abrí pronto mi boca
jesús
que bueno verte
bienvenido a nuestra casa
estaba limpiando
ahora comenzaré a cocinar
va haber suficiente
para todos ustedes
estoy contenta de tenerte
como invitado en nuestra casa

gracias
marta
que bueno verte
espero no molestarte
pasábamos por aquí
en camino a jerusalén
en ese momento
mi hermana maría se nos unió
bienvenido jesús
dándole un fuerte abrazo dijo

entremos
al cuarto más fresco
jesús
pasó por la puerta
mientras yo miraba
su rostro cansado
yo sabía que podía cambiarlo
entramos al cuarto oscuro y fresco
el agua corría
sobre las rocas
todos nos sentamos
escuchándole
ya en el cuarto
me senté por un instante
sabiendo que necesitaba
ir a la cocina
para preparar comida
para tanta gente
a pesar de que
sabía que era en este lugar
donde debía permanecer
no había duda
en mi mente
que necesitaba
escuchar las palabras del maestro
miré a mi hermana maría
que se quedó atrás
en el pasillo
escuché las palabras
que jesús decía
sentí como si él me las dirigía a mí
me sentí jalada hacía la cocina

y me sentía atraída
a quedarme en este cuarto
no podía decidirme
así que me quedé en la puerta
mirando a jesús
mientras él hablaba
me quería quedar y escuchar
pero me sentí jalada
hacia la cocina
me sentí obligada
a pesar de que
mi corazón me decía
algo diferente
que me quedara
¿cómo podré cambiar?
¿cómo podré quedarme
y disfrutar de su presencia?
me sentí impulsada
por voces internas
sentí que no disfrutaba
lo que yo estaba haciendo
esto me hizo sentir peor
miré a jesús
desde la entrada del cuarto
él reía
hablando del viaje
de esta mañana
con sus amigos
en verdad quería
estar con ellos
pero no lo hice
me dirigí a la cocina

de pronto me sentí inmersa
  en mi mundo
    preparando comida
¿cuántos eran ellos?
¿habrá suficiente comida?
  no sabía
todo el tiempo me la pasé
  preguntándome
    ¿por qué no pude
    quedarme a escuchar
    a jesús?
no estaba disfrutando
  del encuentro

el tiempo de preparar la comida
  terminó
  me sentí molesta
    inquieta
resentía mucho
  que mi hermana
  no estuviera aquí
    ayudándome
  me sentí enojada con todos
    con todos
llegó el tiempo de anunciar
  que la comida estaba lista
entré al cuarto
  con el corazón adolorido
jesús me miró
  leyó mis pensamientos
  y me invitó a sentarme
    a la par suya

mientras que el agua corría
a la par de nosotros
él me hizo
una pregunta sencilla
¿qué sucede?
miré a mi alrededor
todos estaban relajados
sus rostros brillaban
de gozo
de pasar este tiempo
juntos
¿por qué no pude entrar
a gozar de este momento?
¿qué me detenía?
jesús
antes que el sol saliera
yo ya estaba limpiando esta casa
había ordenado la mercancía
antes de las siete
preparé el desayuno
antes de las ocho
trabajé con los libros
hasta las diez
lavé ropa
hasta que tú llegaste
jesús estaba mirándome
de repente
sonrió
una sonrisa tan amplia
como el desierto
en ese momento
sentí cuán ridículo

era lo que yo decía
y reí fuertemente
pues jesús lo sabía

este cuarto fresco
se encendió
con un gozo puro
yo entendí
al fin entendí
lo que yo sentía
al estar parada en la puerta
yo sabía que estaba siendo cambiada
nunca más
abandonaré
el momento
en que mi corazón
me dicta a que esté aquí
nunca más
rechazaré
poder disfrutar del momento
con mis vecinas
por mis interminables excusas
de tener que hacer algo
nunca más
me resentiré con aquellos
que saben
disfrutar de la vida
comenzaré de nuevo
haré las cosas de diferente manera
y disfrutaré de cada una de ellas
eso es lo que
estaba sintiendo con jesús

disfrutando el momento
sin sentir que tengo que hacer algo
a pesar
de que falte mucho por hacer
las presiones
  las demandas
  salieron de mí
  cuando estaba presente
  en este círculo de felicidad
mañana
  me sentaré
  con mis vecinas
    cuando disfruten
    de la sombra de la mañana
  aprenderé a caminar
  hacia lugares
    que nunca pude ver
    por haber estado muy ocupada
  haré pocas cosas
  y disfrutaré de cada una
este maestro de nazaret
  me estaba mostrando
    sencillamente
  como en verdad
  se puede disfrutar del momento

preguntas para reflexionar

1. ¿Tengo un sinfín de cosas por hacer? ¿Me enfoco
en esas cosas? ¿Me enfoco en el momento en que
todas las cosas tienen que hacerse en lugar de vivir
el momento actual?

2. ¿Cómo podré practicar poder vivir el momento? ¿Cuáles son algunas de las cosas que me impiden vivir el momento?

3. ¿Disfruto de la vida? ¿Cómo demuestro que disfruto? Si no, ¿cómo podré disfrutar la vida?

unción

marcos 14:3 – 9

Son las ocho de la noche de un martes del mes de enero.
Estoy en la casa de oración de Encino ayudando a dar
un retiro para capellanes de todos los rincones de la Ar-
quidiócesis de Los Angeles. Todos trabajan en el ministerio
de la detención. Durante estos dos últimos días, he tenido
tiempo de conversar con ellos, y de nuevo me han conmovido las historias de tanta gente buena haciendo este
trabajo tan importante. Me siento privilegiado de poder
estar aquí.

Es el tiempo de la liturgia. El tema es la sanación.
Comienzo contando como en el servicio de oración de los
miércoles en nuestra parroquia algunas veces la gente me
dice: "Padre, usted como ministro que es, también necesita ser ungido y sanado." Así que cada semana expongo
mis manos, y encuentro que soy vulnerable, que estoy
necesitado del toque sanador de Dios igual que todos los
demás.

Esa noche les pido a los capellanes que se dejen servir,
especialmente después de administrar ese sacramento en
tantas situaciones dolorosas. Me acerco a cada uno y les
pongo un aceite fragante y tibio en sus manos, haciendo
al mismo tiempo la señal de la cruz. Froto el aceite en las

manos de George, quien trabaja en la Cárcel del Condado. La historia que él me relató esta tarde cobró vida en ese instante. Dos miembros de pandillas rivales fueron puestos juntos en una sala del hospital de la cárcel. Uno de los pandilleros, cuya pandilla era responsable por la muerte de un amigo del otro, fue llevado a la sala, totalmente a la merced de los que lo rodeaban ya que él estaba paralizado y ni siquiera podía comer por si mismo. ¿Qué iba a suceder? Un miembro de una pandilla rival se acercó y comenzó a darle de comer.

Terminé la unción. Juntamos nuestras manos para orar. Un silencio profundo penetró aquel cuarto junto a las historias de aquellos capellanes que habían sido compartidas durante el curso del retiro. Se sentía bien recibir esta unción, ser servidos después de servir diariamente a incontables personas cuyas vidas han sido tan quebrantadas.

Jesús estaba en Betania, comiendo en casa de Simón el Leproso. Llegó una mujer con un frasco como de mármol, lleno de un perfume muy caro, de nardo puro. Lo quebró y derramó el perfume sobre la cabeza de Jesús. Algunos, muy enojados, se decían entre sí: "¿A qué se debe este derroche de perfume? Se podía haber vendido en más de trescientas monedas de plata para ayudar a los pobres." Y clamaban contra ella.

Pero Jesús dijo: "Déjenla tranquila. ¿Por qué la molestan? Es una buena obra la que hizo conmigo. En cualquier momento podrán ayudar a los pobres, puesto que siempre los hay entre ustedes, pero a mí no me tendrán siempre. Esta mujer hizo lo que le correspondía, pues con

esto se anticipó a preparar mi cuerpo para la sepultura.
Yo les aseguro que, en todas partes donde se anuncie el
Evangelio en el mundo entero, se contará también en su
honor lo que acaba de hacer.

caminaba
  por el centro de la plaza
  confiada de mí misma
  había hecho un muy buen negocio
  la noche de ayer
  cuatro clientes de buena paga
acababa de comprar
  pan recién horneado
  de repente se me cae el paquete
  y en lo que me incorporaba
    después de recogerlo
  alcancé a mirar a alguien que iba pasando
  su mirada se fijo en mí
no pensé mucho
  en aquella mirada
  aunque le pregunté a alguien
  que estaba a la par mía
  ¿quién era ése?
  se veía claramente
  que no es de la ciudad
  sino que de algún
  lugar del campo
ése es jesús
  él es de nazaret
  muchos dicen que él puede curar
    sanar
      todo tipo de enfermedades

estas palabras
    resonaban dentro de mí
    jesús de nazaret
quizás él me pueda sanar el corazón
    desde que yo tengo memoria
    mi corazón
        siempre ha sido desgarrado
caminando de regreso
    a casa
    miré a mis vecinos
        fijándose en mí
    debido a la ropa que llevaba puesta
    siempre me siento juzgada
        por ese grupo de engreídos
ellos estaban hablando
        muy emocionados
    acerca de como esta misma tarde
    simón
        había invitado al sanador
        a su casa
yo tenía cuatro citas
    esa misma noche
comí una cena ligera

el rostro de jesús
    continuaba
    dando vueltas dentro de mí
me aventuré a salir
    de mi casa
        solamente para poder verle de nuevo
tomé mi mejor aceite
    para ungir sus pies

cerré la puerta
de mi casa

¿he escuchado a alguien
decir
que me ama?
solamente lo han titubeado
falsamente
durante momentos de pasión
cerré bien mi puerta
luego me dirigí
a la mansión de simón
me preguntaba a mí misma
¿qué estás haciendo
al ir donde sólo estarán comiendo
personas decentes?
¿quién soy yo para
atreverme a entrar
a este tipo de casas?
a pesar de que
tenía mil razones
para regresarme
y no abrir esta puerta
de nuevo
mi mano tocaba la perilla de una puerta
esta vez para abrirla
aún más
sentí algo poderoso
que me atraía
dándome fuerzas
para abrir
esta enorme puerta de madera

la abrí de par en par
  dejando entrar
    los olores
    la luz suave
    la música exquisita
    provenientes del comedor
todas las cabezas voltearon
  incrédulas
    todas menos una
me abrí camino
  hasta donde jesús estaba sentado
  ya no me importaba
    lo que los demás piensen
me hinqué
  enfrente de jesús
  lágrimas de emoción
    enorme
  llenaron mis ojos
jesús
  yo tenía miedo
  de venir aquí
  cuando me paré
    esta tarde
  y miré
  tu rostro
  algo sucedió dentro de mí
todo mi cuerpo temblaba
  incontrolablemente en este momento

jesús se paró a mi lado
  y puso sus manos fuertes
  en mis hombros

jesús
   no sé que decir
   he sido usada
      y supuestamente amada
      por los hombres
   por muchos años
   noche tras noche
pero al hincarme
   enfrente de ti
   en verdad te digo jesús
      que sentí algo
      que nunca había sentido
         en toda mi vida
tomé las manos de jesús
   entre las mías
jesús
   te digo esta noche
   al mirar en tus ojos
   y al admirar tu rostro
   te digo algo
   que le he querido
   decir a alguien
   toda mi vida
      jesús te amo
   yo sé
   que este es el momento
      más genuino
   de mi vida
te amo
   siento como
   si te he conocido
   por toda mi vida

cada día
  he querido
    decir a alguien
    con todo mi corazón
  te amo
miré que los ojos de jesús
  se llenaban de lágrimas
él puso sus manos
  sobre mi cabeza
  maría
    cuando te vi
    en la plaza esta tarde
    pensé
    que buena persona
    es ella
    pero cómo ha sido mal dirigida
  maría
    dios
      tu abbá
    te ama sin límites
    cuando te digo esto
    me doy cuenta
    que nuestro abbá
    te lo está diciendo
las manos tibias
  sobre mi cabeza
maría
  te amo
  te amo
al escuchar estas palabras
  de jesús
  por primera vez

en toda mi vida
que alguien
me dice estas palabras
te amo
y las dice en verdad
recuerdo
cuando era pequeña
yo anhelaba
que mi madre
que mi padre
me dijeran estas dos palabras sencillas
jesús siento tan diferente
que alguien
me haya dicho
en verdad
te amo
no de la forma barata
que los demás me lo han dicho
con este inmenso amor
ardiendo dentro de mi corazón
saqué de mi bolsa
mi preciado aceite
puse un poco
en mi mano
y después muy despacio
me incliné
y froté el aceite
en los pies de jesús
una fuerte fragancia
jesús
te digo
que agradezco

lo que le has hecho
a mi corazón
nunca voy a olvidar
agradecerte
por tu abundante amor

maría
recuerda siempre
este momento
en que el creador
de todas las estrellas
él que es más enorme
de lo que jamás nos imaginaremos
el creador
te está diciendo a ti
de la manera más clara
te amo

preguntas para reflexionar

1. ¿Estoy buscando a Jesús? ¿Hay algo que deseo de Jesús?

2. ¿Creo que "el creador de todas las estrellas, el que es más enorme de lo que jamás nos imagináremos, me está diciendo de una manera tan clara, te amo" Puedo imaginarme que Jesús me está diciendo estas palabras a mí? ¿Cómo se siente esto?

3. ¿Puede ser posible vivir siempre con el conocimiento de que mi padre me ama?

última cena

Juan 13:1-4

Durante el segundo domingo de cada mes, los padres de los jóvenes detenidos en el Centro de Detención Juvenil participan en la misa de mediodía de nuestra Iglesia, Misión Dolores. Después, nos reunimos para tener un pequeño almuerzo. Alrededor de la mesa, cada padre habla de lo que sucede con sus hijos. Las conversaciones que salen de este compartir son señales de la profunda preocupación y amor paternal. Los padres se ayudan entre sí solamente al hablar desde el corazón.

Es el segundo domingo de abril. El padre de Darío trae una foto de su hijo cuando fue arrestado a los quince años de edad. A él lo condenaron por veintinueve años. Alguien le pregunta cómo está y él comienza a llorar. Siento este dolor y pienso cómo las vidas de los familiares cambian cuando un miembro de su familia es encarcelado.

La mamá de William está sentada a la par de él, comiendo y hablando de cómo muchos de sus amigos la abandonaron cuando se enteraron que ella tenía a un hijo encarcelado. Esta es la primera vez que ella está en el grupo. Su hijo va a ser sentenciado la próxima semana. Esta es la primera vez que algo así le sucede. Ella no sabe qué hacer. Ella se siente aliviada por haber encontrado un

lugar donde poder hablar de sus sentimientos con otros
que han tenido la misma experiencia. Su rostro transformado muestra que ella no abandonará la esperanza. Al
irse vemos que su caminar es diferente; todos lo notamos
al levantarse de la mesa después de compartir una comida
tan enriquecedora.

Antes de la Fiesta de Pascua, sabiendo Jesús que había
llegado la hora de salir de este mundo para ir al Padre, así
como había amado a los suyos que quedaban en el mundo,
los amó hasta el extremo.

Hicieron la cena. Ya el diablo había puesto en el corazón
de Judas Iscariote, hijo de Simón, el proyecto de entregar a
Jesús. Y él sabía que el padre había puesto todas las cosas
en sus manos, y que de Dios había salido y a Dios volvía.

Se levantó mientras cenaba, se quitó el manto, se ató
una toalla a la cintura y echó agua en un recipiente.

todo estaba preparado
   las velas
      los platos
entré a este cuarto
   solo
   por seguridad
   y para tener tiempo para pensar
había mucho peligro últimamente
   demasiada presión
   tratando de evitar
   que apresaran a jesús

la tensión encerrada
   entre las paredes de la ciudad
    era tremenda
mientras caminaba por la cuesta
   a esta casa
   recordé
   la primera vez
   que conocí a jesús
recuerdo ese día
   muy bien
   fue el principio de nuestra amistad
   pasamos la tarde
   en la casa de jesús
recordaba esto
   mientras me dirigía hasta aquí
    para tener esta cena
lo que esta amistad
   ha significado en estos años
tengo presente
   todas las veces
   que en estos años
   nos sentamos alrededor del fuego
antes de cerrar nuestros ojos
   hablábamos acerca
   de lo sucedido
   durante el día
pensaba
   que durante esos momentos
   él me permitió ver cosas
    que yo nunca hubiera visto
   él me ayudó
    a entender el significado

de encontrar el rostro
del abbá de jesús
en todo lo que sucedía
durante el día
cuando me sentía frustrado
agobiado por los problemas de la vida
jesús
me ayudó a salir
de mi problemática
he conocido durante mis años
a muchos rabinos
a muchos líderes religiosos
muchos de ellos muy estudiados
pero jesús
es diferente
me siento muy cerca de él
me ha enseñado
acerca del corazón
como perdonar a mis enemigos
nunca pensé
que yo pudiera hacer eso
perdonar a los sumos sacerdotes
que desalojaron a mi familia
de sus tierras
porque ellos no pudieron
pagar los impuestos injustos
que les pedían
había guardado odio
dentro de mí por demasiado tiempo
antes de conocer a jesús
yo tenía a muchas personas
en mi vida

a las que yo consideraba
mis enemigos
después que los romanos
mataron a mi hermano
nunca pensé
que podía ir a dormir
sin antes pensar
en la manera que mataría
a alguno de ellos
yo tenía odio
y este gobernaba
sin restricciones
mi corazón
jesús
dijo en una ocasión
de una forma muy clara
a la multitud
que odiar a los enemigos
es lo que los paganos hacen
¿quién gana en ese caso?
yo nunca pensé
que podría perdonar
a mis enemigos
nunca había querido
hacerlo
me había acostumbrado
al odio
que le tenía a mis enemigos
pensaba que esto era normal
que eso era
lo que todo el mundo hacía

un día
    después de que jesús habló
    a la multitud
    nosotros nos sentamos
    cerca de la ribera del río
    él nos habló
    de cómo algunas personas
    no pueden perdonar
    a sus enemigos
yo fui honesto
    le dije a jesús
    que aún tenía muchos enemigos
    y que todavía sentía
    odio en mi interior
él me preguntó
    si quería
    dejar salir
    ese fuerte sentimiento
        de pasión casi asesina
        hacia mis enemigos
yo paré de hablar
    no estaba seguro
    ¿en verdad los quiero perdonar?
    ¿en verdad?
le dije a jesús
    que quería sacar
    el odio de mi corazón
    era tan difícil
    tener tantos enemigos
desde aquel día
    me sentí diferente
        cambiado

yo quería perdonar
  a mis enemigos
  y con sólo al decir esto
  comenzó el proceso
no quiero decir que fue fácil
  en ocasiones
  cuando pasaba
  a la par de un romano
  o de un sumo sacerdote
    comenzaba a rebrotar
    el viejo sentimiento de odio
  pero a puro esfuerzo de mi voluntad
  rechacé dejar que el odio reinara
no era que
  ya no tuviera
  sentimientos negativos
    fuertes
  estos no desaparecieron
    al perdonarlos
  pero en su lugar
  comencé a ver
  lo que jesús
  me estaba enseñando
    que de alguna manera
    todos estamos relacionados
si nosotros odiamos
  a otra persona
  nos estamos odiando a nosotros mismos
  nos destruimos
  no sólo a la otra persona
jesús
  abrió mis ojos

para poder ver que todos
somos hermanos y hermanas
al principio
yo rechacé siquiera considerar
esta idea
pero al mirar a jesús
vi cómo podía lidiar
con todo tipo de personas
me di cuenta
cómo mi amistad
con jesús
me estaba cambiando
no solo a pensar diferente
sino a actuar diferente
hace tres años
al estar sentado en la casa de jesús
nunca me hubiera imaginado
en que me convertiría
en alguien tan diferente a lo que era
debido a esta amistad
nunca en mi vida
había podido entender el poder
de la amistad
la riqueza
la profundidad
la felicidad
de tener un amigo
como jesús

la cena comenzaba
jesús hablaba
de cómo uno de entre nosotros

nos daría la espalda como amigo
  nos iba a traicionar
  con las autoridades
miré las caras
  de mis amigos
    sentados alrededor de la mesa
  preocupación
    incredulidad
yo confiaba en estos compañeros
  hemos vivido juntos
    muchos tiempos difíciles
  juntos hemos celebrado jubilosamente
y ahora jesús
  estaba diciendo que uno de ellos
  nos traicionaría
¿qué tipo de amigo es éste?
  compartiendo una comida
  y luego traicionándonos
sentí enojo dentro de mí
  ¿traicionarnos?
  ¿uno de nuestro grupo?
  ¿cómo puede suceder esto?
de los otros quizás
  pero nosotros somos del círculo íntimo
    somos los de confianza
este sentimiento de intimidad
  convertido en traición
  revolvió mi estómago
pedro
  me hizo una señal
  para que le preguntara a jesús
  quién era

me acerqué
  a jesús
    hasta estar
    en contacto físico con él
  para poder preguntarle
dos movimientos
    pasaban al mismo tiempo
    por mi cuerpo
primero sentía a jesús cerca de mí
    sentía la corriente de la amistad
    del ser que me entendía
      qué sabía lo que no me gustaba
      cómo me sentía
      cuales eran mis sueños
el otro movimiento era de traición
    lo contrario a esta cercanía
jesús
    ¿quién nos va a traicionar?
jesús
    yo pensaba
    que todos eramos amigos
    y que sólo la muerte
    nos podía separar
qué duro es estar cerca
    de otro ser humano
    y después sentir
    que éste te apuñala
    por la espalda
    el dolor se apodera del corazón
      la confusión
      palpita por las venas

jesús susurrando
  es al que
  le entregaré el pan
judas se paró
  tomando el pan
miré a sus ojos
  en aquel momento
  sentí
  que el odio dormido
  giraba como un torbellino dentro de mí
  judas
  tenía sus ojos ya muertos
    no había vida en ellos
yo quería brincar
  y agarrarlo
  y tirarlo al suelo
  pero él huyó
  hacia la oscuridad
    el amigo convertido en traidor

me acerqué aún más a jesús
  cálidas lágrimas
  brotaron del lugar más profundo
  de mi interior
necesitaba tener cerca
  a jesús
¿cómo es posible
  que judas
  nos haga esto?
  yo lo consideraba
  como a un hermano
  recuerdo

las veces
en que nos desvelábamos
él hablaba
acerca de su familia
de sus sueños
él estaba animado
con las sanaciones
los cambios
logrados en la gente
que conocíamos
pero ahora
sentí que la puerta
se cerraba en mi cara
el impacto
a mi corazón
fue devastador
¿cómo puedo confiar en amigos
si éstos nos pueden traicionar?

jesús
¿en verdad es judas?
los amigos
en nuestras vidas
son aquellos que nos son fieles
en las buenas
y en las malas
tu amistad
me ha cambiado
esta comunidad de discípulos
de amigos
me ha cambiado
para siempre

todo lo que puedo decir
   sin fuerzas
   es que perdono a judas
     si es él en realidad
     el que nos va a traicionar

preguntas para reflexionar

1. ¿Existe algún odio dentro de mí del cual deseo deshacerme? ¿Hay algún enojo que hierve dentro de mí del cual quiero despojarme?

2. ¿Podré traer ese odio o enojo ante Jesús? ¿Podré permitir que él me sane?

3. ¿Puedo llegar a perdonar y confiar de nuevo?

lavando los pies

Juan 13:4–15

Son las siete de la noche de Jueves Santo. Este año hemos seleccionado a los hombres del Proyecto Guadalupano para lavarles los pies. Proyecto Guadalupano es un programa de nuestra parroquia, Misión Dolores, donde, por tres meses, cincuenta hombres inmigrantes encuentran refugio en la Iglesia mientras éstos buscan un trabajo. Estos hombres han caminado todo el día buscando empleo; han esperado en esquinas de la ciudad. Algunos afortunados encuentran trabajo descargando enormes cajas en el distrito de la costura.

Nelson, de origen salvadoreño, está interesado en hacer su primera comunión mientras se queda en la Iglesia. El me pidió ser su padrino y como resultado pasamos largos ratos platicando.

Nelson ahora está sentado junto a otros once inmigrantes. Se quita sus zapatos y pone sus pies en el piso. Yo los tomo en mis manos y mientras vertía agua tibia sobre ellos, recuerdo su historia con todas las horrendas dificultades que sufrió durante los dos meses que tomó su travesía desde San Salvador hasta este país. Pero lo que más recordaba mientras vertía el agua fue una historia que él me relató. Cuando era más joven se rompió su pierna y su madre no podía comprarle muletas. Ella lo cargaba, día y noche, adondequiera que él necesitara ir. Ella hizo esto por seis largos meses.

Reviví esta imagen al lavarle los pies. Ahora la razón porqué sus pies están sucios es porque él ha venido a Los Angeles para poder ganar suficiente dinero para enviar a El Salvador. Su madre necesita una operación.

Tomé una toalla y sequé sus pies que ahora están limpios. Miré a su rostro y él me brindó la sonrisa más amplia y cálida posible en este mundo. Siento en ese momento que Jesús está en lo correcto cuando dice: se puede encontrar tanta alegría al ser un lavador de pies.

Se levantó mientras cenaba, se quitó el manto, se ató una toalla a la cintura y echó agua en un recipiente. Luego se puso a lavarles los pies a sus discípulos y se los secaba con una toalla.

Cuando llegó el turno a Simón Pedro, éste le dijo: "¿Tú, Señor, me vas lavar los pies a mi?" Jesús le contestó: "Tú no puedes comprender ahora lo que yo estoy haciendo. Lo comprenderás después."

Pedro le dijo: "A mi nunca me lavarás los pies." Jesús respondió: "Si no te lavo, no podrás compartir conmigo."

Entonces Pedro le dijo: "Señor, si es así, lávame no solamente los pies, sino también las manos y la cabeza."

Jesús les respondió: "Esto no es necesario para el que se ha bañado, pues está del todo limpio. Ustedes están limpios, aunque no todos." Jesús sabía quién lo iba a entregar, por eso dijo: "No todos están limpios."

Cuando terminó de lavarles los pies y se volvió a poner el manto, se sentó a la mesa y dijo: "¿Entienden lo que he hecho con ustedes? Ustedes me llaman el Señor y el Maestro, y dicen verdad, pues lo soy. Si yo, siendo el Señor y el Maestro, les he lavado los pies, también ustedes deben lavarse los pies unos a otros.

Les he dado un ejemplo, para que hagan lo mismo que yo hice con ustedes.

esperando ver
    quien era el que subía los escalones
    al cuarto de arriba
parecía
    que nadie nos espiaba
todo estaba listo
adentro
    se sentía una energía nerviosa
    alrededor de la mesa
me quité la túnica
    una toalla colgaba de mis hombros
    caminé hacia la mesa pequeña
    de la esquina
    del cuarto
    recogí el recipiente más grande
nadie parecía
    estar atento
regresé
    a la mesa grande
me arrodillé
    en frente de pedro
        pon tus pies
        dentro de esta vasija

quiero lavar
tus pies
ahora todas las miradas
  de la habitación
  estaban enfocadas en nosotros
que difícil
  ha sido
  para todos mis amigos
  darse cuenta
  que todos somos iguales
los juegos de poder
  que jugamos
  no nos dan tregua
los esfuerzos
  por tratar de ser más importantes
  nunca se detienen
así es que quise darles
  a mis amigos
  un ejemplo
  con mi propia vida
    lavarles
    sus pies sucios
para lavarles los pies
  puse la toalla en mi brazo
  esta idea
  de lavarles los pies
  me hacía feliz
tantas veces después
  de realizar sanaciones
    en los montes
  la multitud quería
  hacerme alguien importante

en esos momentos
   yo siempre tenía
   un fuerte amor
   por mi abbá
   sabiendo
   que todo
   todo lo que tengo
   proviene de él
me di cuenta
   que era totalmente dependiente
   de este amor
   de mi abbá
se sentía muy bien
   ver los rostros
   liberados de
     tanto sufrimiento
   sanados
   de vivir años en la miseria
pero cuando ellos quisieron
   apoderarse de mí
   para hacerme su líder
   en esos momentos
   yo sentí este amor
     fuerte
   hacia mi abbá
sabía que
   no debía engañarme
   por las peticiones
   para ser famoso
he tratado
   muy duro
   durante estos años

de enseñarles
cuán importante es
no buscar
ser importantes
por que no somos más
que humildes servidores
   de nuestro abbá
   que nos da todo

puse los pies de pedro en la vasija

jesús
   ¿qué haces?
   ¿acaso la presión
   de estos días
   te ha afectado?
   ¿qué sucede?
tú eres nuestro maestro
   sólo los sirvientes lavan
   los pies de otras personas
   no puedo permítirte
   que laves mis pies
   nunca
      este no es tu trabajo
jesús
   a ti te siguen
   la gente te respeta
   a ti te admiran
      como a un líder
al mirar en los ojos de jesús
   me di cuenta
   que él en serio
   quería lavarme mis pies

me miró
sonriendo
encendiendo
toda la habitación
jesús
tomó mis pies
poniéndolos en la vasija
yo sentía
el agua tibia
limpiando
la tierra seca
¿qué estaba sucediendo?
he aquí
al ser que yo respeto
más que a ningún otro
lavándome mis pies
ahora él estaba tallando
el lodo con sus propias manos
echándome agua tibia
una profunda felicidad
se esparció
por todo mi ser
jesús
yo sé
que deseo ser como tú eres
más que nada en el mundo
deseo ser como tú
yo nunca
pensé que iba a pedirte
que me dejes
bajar y quitarme la túnica
y lavar los pies

a los más pobres
de este mundo
ser como tú eres
yo sé
que nunca olvidaré
este momento
en que te sentí
lavarme mis pies
y que lo hiciste
con un amor tan grande
para que yo pueda hacer lo mismo
quiero aprender
a lavar los pies
a ser un lavador de pies
y no irme tras la
ilusión de la fama
de la gloria
para aprender
cada día a inclinarse
y hacer este trabajo humilde
me pondré
en contacto
contigo
lo que tú deseas
profundamente
es que nosotros
seamos lavadores de pies
que lavemos los pies
de los demás
que estemos abajo
y no
buscar

> estar arriba
> que seamos lavadores de pies
> gracias jesús
> por tu ejemplo

preguntas para reflexionar

1. ¿Puedo permitir que Jesús me lave los pies? ¿Qué sentí cuando leí que Jesús lavaba con sus manos los pies de Simón Pedro, "limpiando la tierra, con agua tibia"?

2. ¿A quién le lavo yo los pies? ¿De qué manera les lavo los pies?

3. ¿Permito que los demás me laven los pies? ¿Cómo sucede esto?

palmas

marcos 11:1–11

Estábamos preparando la Semana Santa en el incómodo cuarto de arriba de la unidad de detención. Dividimos a los doce jóvenes en dos grupos. Un grupo iba a planificar las actividades del Domingo de Ramos y el otro las del Viernes Santo. Cuatro jóvenes estaban sentados en un círculo. Empezamos la reflexión. Yo me preguntaba cómo iban ellos a relacionar sus vidas con el texto que narra la entrada de Jesús a Jerusalén. Lo que sucedió durante el lapso de aquella hora lo guardo profundamente en mi memoria. Hasta aquel día, después de escuchar sus reflexiones, entendí mucho del significado del Domingo de Ramos. Dos cosas estaban sucediendo. Ellos hablaban primero de lo temeroso que Jesús estaba antes de entrar a la ciudad. Y luego, de cómo ellos temen ser enjuiciados, y enfrentarse a lo desconocido y a un sistema poderoso.

Los primeros tres que compartieron hablaron de cómo Jesús estaba aterrado después de darse cuenta que en un sentido se enfrentaba a un gran problema. Dos de los tres que compartieron, los que enfrentan sentencias de por vida sin poder salir por buen comportamiento, se dieron cuenta de lo mismo. El miedo de Jesús tocó su realidad. Ellos no volverán a saborear una comida en sus casas. Este miedo era palpable. Un sentimiento denso se apoderó del cuarto. Ellos iban a tener que ir a corte la siguiente semana; a ninguno le han ofrecido un arreglo.

De alguna manera Jesús sabía. El miedo presente en estos jóvenes era el mismo, ellos sabían. Este sentimiento se ha quedado dentro de mí. Cuando en esa ocasión yo celebré el Domingo de Ramos, traté de sentir el miedo que Jesús tuvo. Qué importante es poder vencer el miedo que nos paraliza, que nos quiere mantener afuera de la ciudad. Y cuán importante es poder vencer este miedo, que de otra forma hubiera mantenido a estos jóvenes sin poder compartir lo que ellos estaban sintiendo, al darse cuenta a lo que se enfrentarían.

Cuando se aproximaban a Jerusalén, cerca de Betfagé y de Betania, al pie del cerro de los Olivos, Jesús mandó a dos de sus discípulos, diciéndoles: "Vayan a ese pueblo que ven enfrente, y al entrar encontrarán un burro amarrado, que ningún hombre ha montado todavía. Desátenlo y tráiganlo. Y si alguien les dice: ¿Por qué hacen eso? contesten: El Señor lo necesita, pero en seguida lo devolverá aquí mismo."

Fueron y encontraron el burro amarrado delante de una puerta en el camino, y lo desataron. Algunos de los que estaban ahí les dijeron: "¿Por qué sueltan ese burro?" Ellos les contestaron como les había dicho Jesús, y se lo permitieron.

Trajeron el burro a Jesús, le pusieron sus capas encima, y Jesús montó en él. Muchos extendieron sus capas a lo largo del camino, y otros, ramas cortadas de los árboles.

Tanto los que iban delante como los que seguían a Jesús gritaban:

> *¡Hosanna! ¡Bendito el que viene en el nombre del Señor!*

> *¡Ahí viene el bendito reino de nuestro padre David!*

> *¡Hosanna en las alturas!*

Así entró Jesús en Jerusalén y se fue al Templo y, después de revisarlo todo, siendo ya tarde, salió con los Doce para Betania.

cuando era pequeño
  caminaba
  a la sinagoga
  con mis amigos
  y de regreso
  cortaba
  unas ramas de palma
    para mi madre
el rabino nos explicaba
  la relación que hay
  entre las palmas
  y nuestro gran rey salomón
  las grandes hazañas de su ejército
  del orgullo que sentía la gente
    al mirar a su rey
    entrar a jerusalén
    montado sobre un grandioso caballo
    sobre las calles cubiertas
    con palmas

aquellas palmas significaban
  victoria
  poder
  conquista
el rabino nos hablaba de cómo
  añoraba esos días
nunca olvidé
  las palmas
  que recogía
  en el camino
  de la sinagoga a mi casa
nunca olvidé
  las historias
  que el rabino nos contaba
  sobre la magnificencia
  de salomón
    su oro
    sus miles de tropas
    el poder
    la gloria
    la fama
mientras yo montaba este burro
  una parte de mí
  me hacia sentir
  como un fracaso
que diferente era mi entrada
  a esta ciudad de poder
  de negocios
  de prestigio religioso
miré hacia adelante
  y vi a las multitudes
  colocando ramas en el camino

moviéndolas muy en alto
y más allá
   el templo
   destellando con el sol
   símbolo total de poder
miré
   a los rostros de los campesinos
   moviendo impetuosamente las palmas
   reconocí
   a muchos de ellos
   que venían de los lugares más lejanos
     de la provincia
esta gente
   había venido a esta ciudad de david
   para gastar los ahorros
   que habían guardado
   durante el año
las madres con sus hijos
   con miradas opacas
   por no tener
   suficiente comida
vi ancianos
   con su piel arrugada
     deteriorada
vi a mujeres y hombres jóvenes
   y ya sus rostros estaban
   envejecidos por el trabajo pesado
     por el sufrimiento
al pasar
   miré a algunos
   a quienes había curado
   de terribles enfermedades de la piel

no habían mantas de lino fino
  forrando este camino
  hacia las puertas
    de jerusalén
mi corazón latía fuerte
  al mirar las puertas
    de los poderosos
  al mirar los rostros
    sintiendo el llanto
    de dolor de la multitud
mi corazón se conmovió
  me sentí asociado a estos rostros
  quería ofrecerles más
  quería decirles
  que de alguna manera
    hubiera querido
    entrar por estas puertas
    montado sobre un grandioso caballo
    proclamando
      poder
      gloria
      fama
  quería decirles
    que ese no era mi camino
    no es el que he aprendido
    de mi abbá
  mi camino es diferente
quería decirles muchas cosas

a punto de entrar
  a la ciudad que asesinó
  a sus profetas

mi corazón se conmovió
  al sentir el dolor
  de estos campesinos
recordé
  aquellos días
  cuando el tentador
  trataba tan arduamente
  de convencerme
  de que pensara
  que la manera de salomón
  debería ser la mía
    y la de mi abbá
rechacé
  aquella tentación
yo no entraría
  a jerusalén de esa manera
si hubiera escogido
  riquezas honor y fama
sabía que de esa forma
  no llevaría a la gente
  a la verdadera liberación
    transformación
    igualdad
sentí el misterio
  del amor
  de la entrega total
    muy diferente
    a la forma del mundo
pasando las multitudes
  miré a mi madre
    la vi a los ojos
una vez ella me dijo

que las ramas de palma significaban
  la victoriosa entrada de salomón
  a jerusalén
iban a ser muy diferentes
a las mías
sus ojos
  tenían una mirada
  que nunca olvidé
esta mañana
  al observar a mi madre
  vi la misma mirada
quería gritar
  más fuerte
    que el griterío de júbilo
    de la multitud
abbá ¿por qué
  hay que escoger este camino?
  ¿por qué?
quería voltearme
  y pregúntarle a mi madre
  ¿por qué?
me ayudó verla
  me fortaleció
  para acercarme
  a estas puertas
    prohibidas
  que encierran tanto arrogante poder
pronto dejé atrás
  a muchos con los que me sentía cercano
  quienes habían sufrido tan intensamente
pasé lentamente por las puertas
  de jerusalén

sí madre
   estas palmas significan algo
      muy diferente
   a lo que le significaron
   para salomón
tengo miedo
al entrar a este centro de poder
   tan ciego
   a lo que dios quiere
sé en mi corazón
   madre
   que ahora es mi turno
   como una vez
      le tocó a salomón
vengo sin ningún poder
   solamente amor
   ningún ejército
      solamente amor
   ninguna riqueza
      solamente amor
madre
   gracias
   porque años atrás
   me enseñaste
   que las palmas
   iban a estar un día
   unidas al amor
      no al poder
         sino al amor
      no a la violencia
         sino al amor
      y no a la tiranía

gracias
  por enseñarme
  y por caminar conmigo
    al templo
  para hacer lo que debo hacer
  para serle fiel
    a mi abbá
    a aquellos que sufren
    tanta opresión
    de los poderosos
quédate conmigo
  estoy listo
  para ser un servidor
  para ser un amigo
  de los marginados
quédate conmigo
  en los momentos oscuros
    que se avecinan
  para confrontar a los opresores
gracias por las palmas
  sostenidas
  en las manos
  de los pobres
  de tantas provincias
  que han vivido
    pisoteados
    por los poderosos
    demasiado tiempo
gracias
  por enseñarme
    un camino diferente
    a ser un servidor

un amigo
del amor
no del poder
gracias madre
ahora camina conmigo
este camino es a veces
solitario
quédate conmigo

preguntas para reflexionar

1. ¿Cómo me sentí cuando los ojos de Jesús se encontraron con los de su madre? ¿De qué manera me la imaginé a ella? ¿Qué me imaginé que ella estaba sintiendo?

2. ¿Hubo alguien que me enseñó a estar "unido al amor, y no al poder; al amor y no a la violencia; al amor y no al dominio"? ¿Quién fue esa persona?

3. ¿Hay alguien que camina junto a mí cuando tengo temor?

juicio

marcos 15:1–5

Siempre me pareció que el juzgado de Norwalk era el más oscuro y opresivo de todos. José, un joven de diecisiete años, a quien yo conocí meses antes en una clase de meditación, iba a ser sentenciado ese día. José había estado en el Centro de Detención Juvenil por mucho tiempo. Era acusado de disparar a la cabeza de su mejor amigo. Aún recuerdo una ocasión en que, después de la meditación, José compartió como vio en la meditación a su amigo, derramando lágrimas de sangre. Durante su juicio, él explicó cómo lo sucedido había sido un accidente. Había mucha discreción en torno al tiempo que el juez daría para este caso.

Ahora, después de meses de ir a corte, llegaba el momento de la sentencia. Camila, su madre, me dijo antes de entrar a la corte que habían negociado un arreglo. Parecía que le iban dar dieciocho años. Por alguna razón, el juez estaba de mal humor aquel día. Esto se pudo observar desde el primer momento. Llegó el turno en que José debía comparecer ante él.

El juez le dio la sentencia máxima: treinta y nueve años. Esto fue lo peor que pudo haber pasado. Pero eso no fue todo. Después de dar su fallo, se volteó y comenzó a hablarle a Camila. "¿Adónde estuvo usted durante estos años? ¿Qué tipo de madre es usted?" Esas fueron las palabras más crueles y arrogantes que he escuchado en una corte. Cuando terminó, se dirigió a Alberto, el padrino de José, diciéndole: "¿Y usted? ¿En dónde estaba cuando José tenía estos problemas?" Yo quería levantarme y decirle al juez: "¡Cómo se atreve! Si tan sólo supiera cuantas veces Camila ha tratado, y ha buscado ayuda de un buen número de profesionales para encontrar una solución al comportamiento de José. ¡Pero nada funcionaba! Nadie la puede acusar de no haber estado ahí. ¡Porque ella estuvo ahí!"

Esa tarde las palabras del juez hirieron profundamente. En realidad, ese día, él dictó dos sentencias de por vida, una para José y otra para su madre. Ni siquiera imagina la destrucción que le causó a los dos. ¿Qué esperanza les queda ahora? Yo medité: "Algún día este juez compadecerá ante otro Juez."

Al amanecer, sin perder tiempo, los jefes de los sacerdotes, se reunieron con las autoridades judías, los maestros de la Ley, y todos los miembros del Consejo. Después de haber atado a Jesús, lo llevaron y lo entregaron a Pilato.

Pilato le preguntó: "¿Tú eres el rey de los judíos?" Jesús le respondió: "Así es, como tú lo dices." Pero, como los jefes de los sacerdotes acusaban a Jesús de muchas cosas, Pilato volvió a preguntarle: "¿No contestas nada? Mira de cuantas cosas te acusan." Pero Jesús ya no respondió más, de manera que Pilato no sabía qué pensar.

no me pude contener
  necesitaba estar aquí
  con jesús
  él estaba siendo enjuiciado
miré como
  los fariseos se habían amontonado
  alrededor de poncio pilato
miré como todo esto
  era una farsa
¿cómo se puede obtener
  justicia en estas condiciones?
miré cuando traían a jesús
   ante toda la gente
  sus manos estaban atadas
  mi hijo se miraba exhausto
pilato inició oficialmente el juicio

me sentí muy triste
  al ver como trataban a mi hijo
   como a un criminal
  después de que él ayudó
   a tanta gente
y ahora aquí
  lo tratan como a un criminal
quería gritar
  y decir algo
  pero decidí
  que eso sólo empeoraría
  la situación
pilato preguntaba que mal
  había hecho jesús

me enojé
  por esas palabras
¿qué mal había hecho?
  él nada más había ayudado a la gente
  pero eso sí
    nunca
  le hizo reverencias
    a los líderes religiosos
  por eso
  ellos lo quieren matar
    deshacerse de él
si tan sólo pudiera yo hacer algo

mirando todo esto en la corte
  me sentí tan impotente
una madre mirando a su hijo
  ser juzgado
  sabiendo
  que él es inocente
  pero las instituciones de poder
  necesitan una víctima
    y han escogido a mi hijo
  ¿qué les pudo haber hecho?
algunas personas se levantaron
  y hablaron de cómo jesús
  había roto nuestra ley
  y otro dijo
  que él proclamaba
    ser el hijo de dios
  una burla se esparció
  por todo el cuarto
  cuando esto fue mencionado

¿el hijo de dios?
  gritaron
  ¿cómo puede ser posible?
  ¿el hijo de dios?
si ellos supieran
  lo que en realidad estaba sucediendo
  en este cuarto
    si tan sólo supieran
los poderosos
  gritando enardecidos
  que jesús es culpable
  y que merece morir
    él proclama ser el hijo de dios
      es culpable
¿cómo puede ser jesús culpable
  si tan sólo ha dedicado su vida
    a ayudar a los demás?
fueron largas horas
  de condenas
  de juicios
  como se burlan de jesús
¿adónde estaban todas las personas
  que él había sanado?
nunca les permitirían estar
  aquí
sentada en el juzgado
  orando por mi hijo
  mientras él soporta
  esta humillación
orando
  para que él sea capaz de resistir
  la injusticia que se le está cometiendo

me preguntaba
  que estaría pensando
  mi hijo en el juzgado
yo sabía que él me vio
  cuando entró
  nuestros ojos se encontraron
    por un instante
¿qué estaba pensando él?
  se miraba tan cansado
  tan enfermo
sentada allí
  viendo cómo jesús era enjuiciado
  sintiendo el dolor
  de una madre que ve cómo su hijo
  es presentado
  ante todos como un criminal
también oraba
  por las demás madres
  que tendrán que aguantar
    este sufrimiento
  de ver como sus hijos
  son acusados
  por cosas que no han hecho
  llevados ante el juez
  y son ridiculizados
    convertidos en el hazme reír
    de los demás
quería que estas madres
  supieran que yo también
    la madre de dios
  tuve que soportar
  este dolor desgarrador

cuantas ganas tenía
  de poner mis brazos
  alrededor de jesús
  y decirle cuanto lo amo
pero los poderosos
  de este juzgado
  nunca me dejarían
    acercármele
quería que las madres
  que algún día tendrán que sentarse
  en las cortes
  supieran que yo oraba por ellas
    este día
  mientras que mi hijo era condenado
  tratado como un criminal común
    el hijo de dios
    tratado con tanto desprecio
    como si fuera
    el peor pecador que existe
y todo esto
  porque desafió
    retó
  a los privilegiados de este mundo
las reglas en esta corte
  favorecen al establecimiento
  para que se quede intacto

quiero que las demás madres
  sepan que yo oré por ellas
  recé para que ellas también
  estén con sus hijos
  en los momentos más difíciles

yo la madre
  del hijo de dios
  estaré con ellas
    dándoles fuerzas
    para que soporten
    tan difícil prueba
    como lo es el juicio
    de sus hijos
yo pido por ellas
  para que también
  encuentren el valor
  de desafiar las injusticias
  cometidas contra sus hijos
    hechas en el nombre de la justicia

preguntas para reflexionar

1. ¿He sido alguna vez acusado injustamente? ¿Cómo me sentí? ¿Tuve el poder de cambiar la acusación?

2. ¿He acusado a alguien injustamente? ¿Cuáles eran mis sentimientos en ese entonces? ¿Y cuándo me di cuenta que estaba equivocado?

3. ¿Puedo imaginar el dolor de la madre de Jesús? ¿Puedo imaginar el dolor de otras madres que experimentan el sufrimiento de sus hijos en las manos de los poderosos sobre los cuales ellas no tienen ningún control?

simón

marcos 15:21

Hoy es el 18 de febrero del año 2000. Estoy de visita en la Sección 4A de la Unidad de Seguridad Habitacional de la prisión Corcoran. Aquí los prisioneros son encerrados en sus celdas las veinticuatro horas del día. A las once de la mañana soy llamado a una de las vitrinas destinadas a los visitantes. Steve comienza una conversación tan natural como si nos conociéramos por años.

Su sentido de la realidad es tenue, aunque demuestra señales de gratitud a quien le escucha. El me cuenta animoso su rutina diaria: se despierta a las seis de la mañana, lee la Biblia, hace sus ejercicios matutinos, come, escucha algunos programas por la radio, vuelve a comer, lee un poco más y luego vuelve a la cama. Usualmente no habla con nadie durante el día. Para poder bañarse, lo esposan y le dan tres minutos bajo el agua junto a otros cinco prisioneros. Les permiten este lujo cada dos días. Esta es la única ocasión en que lo dejan salir de su celda.

El teléfono a través del cual hablo con Steve apenas sirve; la estática compite agresivamente con su voz. Me veo forzado a taparme mi otro oído y a poner suma atención a sus palabras. Steve me cuenta que no ha recibido una visita familiar en cinco años. El termina la conversación diciéndome que se siente apartado de todos y de todo en aquel aislamiento. El me pide que le escriba de vez en cuando. Le digo que le escribiré.

Al salir, se encontraron con Simón de Cirene (padre de Alejandro y de Rufo) que volvía del campo, y lo obligaron a llevar la cruz de Jesús.

> toda mi vida
>> había buscado a alguien
>> que pudiera ayudar
>> a cambiar las condiciones injustas
>> en las que vivimos
> yo había escuchado a jesús
>> mientras hablaba en galilea
> luego platiqué
>> pasé ratos con él
>> pude confiar en él
>> nos hicimos amigos
> quise venir
>> esta tarde
>> para apoyarlo
> estaba tan enojado con aquellos
>> que lo querían matar injustamente
> apenas le quedaban fuerzas
>> a jesús
>>> él se caía
>>> continuamente

los romanos de verdad
  lo habían torturado
  drenando su fuerza
miraba que jesús
  se volvía a caer
  debido al peso de la viga
escuché que alguien me gritaba
  ¡eh tú
    ayuda a éste debilucho!
ellos podían hacer esto
  fácilmente
  porque sabían
  que yo era uno de los muchos pobres
  de la provincia
el soldado me estaba pidiendo
  que ayudara a jesús
  a cargar su cruz
me incliné
  y miré al rostro
    de jesús
  la sangre estaba seca
jesús déjame tomar
  esta viga
  de tus brazos
    mojados
    con sudor y sangre
  yo cargaré este madero
  en tu lugar
jesús se miraba agradecido
  susurrándome
  que debía tener cuidado
  ya que

ellos podían razonar
que yo era un discípulo
ayudé a que jesús se incorporara
sosteniéndole
hasta que se pudo balancear
luego agarré el madero
al estar parado
junto a jesús
sentí el peso de la viga
caminando junto a jesús
cargando el madero
escuchando el ruido
de la muchedumbre
mi cabeza daba vueltas
sentía que la madera
rompía mis músculos
pero al caminar
y al escuchar a los soldados
que nos gritaban
que camináramos más rápido
al ver los rostros
de los fariseos
que se burlaban de jesús
sentí toda esta crueldad
a mi alrededor
y al mismo tiempo
algo sucedía
en mi interior
mirando al rostro
de jesús
que trataba
de continuar

sentí algo en mi corazón
que nunca había sentido
a pesar de lo difícil que era soportar
ser ridiculizado
ser humillado
de estar tan físicamente incómodo
yo sentí lo contento que estaba
al poder hacer esto
que de una manera sencilla
yo estaba ayudando a jesús
quien había hecho tanto
por mí
nunca en mi vida
había tenido dos sentimientos
ocurriendo dentro de mí
al mismo tiempo
dolor tremendo
y profunda alegría
que bueno era
ayudar a jesús
mi corazón
estaba con este ser
que apenas podía caminar
su sangre derramándose
en el suelo
mirando a jesús
deseaba mucho
poder decirle algo
pero entonces fuimos empujados

yo me detuve cuando subíamos
una pequeña cuesta

jesús se inclinó
   diciendo suavemente
      simón
      gracias
estas palabras
   me conmovieron profundamente
jesús me estaba agradeciendo
   por haberle ayudado
estas palabras
   este momento
   estaban cambiando mi vida
me di cuenta que lo que hice
   había conmovido a jesús

yo sabía
   que jesús me estaba invitando
      silenciosamente
         a ser un discípulo
   y que en el futuro
   él me invitaría
   a cargar otras cruces
pero al hacer todo esto
   él será conmovido
   y estará agradecido
   por la voluntad
   de soportar
   las cargas de los demás
encantado
   de ver como en
   este acompañar a los demás
      ayudándoles a cargar
      con sus cruces

que en el dolor
  en el sufrimiento
  algo más
  estará sucediendo
un misterio profundo
  de quién es dios
    en sus entrañas
  amor que se entrega
el mismo amor que jesús
  me estaba haciendo sentir
  mientras luchábamos
  por subir un poco más
  la colina
yo sabía que nunca olvidaría
  esta experiencia

preguntas para reflexionar

1. ¿He experimentado profunda alegría y profundo dolor al mismo momento? ¿Cuándo sucedió esto? ¿Qué causó el dolor? ¿Qué produjo la alegría?

2. ¿Hace en Jesús alguna diferencia lo que yo hago?

3. ¿Cuándo he sentido a Dios profundamente? Imagínate esa experiencia ahora, ¿en qué lugar estabas? ¿Qué sucedió? ¿Cuáles eran tus sentimientos?

caminando juntos

marcos 15:22–32

Debido a la violencia en nuestro barrio, hemos comenzado un programa llamado Caminos Seguros. Algunos
miembros del equipo de la parroquia, junto a los resi-
dentes de nuestro barrio, se turnan para salir a las calles
y acompañan a los niños de la escuela hasta sus casas.
Ultimamente, han habido muchas balaceras en el barrio,
pero al ponernos nuestras playeras verdes y caminar por
las calles junto a los niños, parecía que había un ambiente
de seguridad en el barrio.

La tarde de un martes del mes de octubre, justo al
comenzar a caminar por el barrio, escuché disparos que
venían exactamente del frente de la Iglesia Misión Dolores.
Corrí hacia esa dirección y efectivamente allí se encontraba
un joven desangrándose en plena entrada de la Iglesia. En
ese momento los niños de la escuela primaria apenas re-
gresaban de su recreo, y habían algunas madres que venían
desde sus casas para recoger a sus hijos. De repente el
caos se apoderó de todo. Siendo yo sacerdote, la policía
me permitió acercarme a donde Ticio estaba sangrando.
El repetía una y otra vez, "No quiero morirme, no quiero
morirme." Vino la ambulancia y todo lo que quedó del
tiroteo fue la calle ensangrentada.

Estas calles siempre han visto demasiada la sangre, pero ese día su intensidad, al emanar del tiro en el cuello de Ticio, era particularmente fuerte. Estábamos tratando de brindarles a los niños de la escuela un camino seguro, y lo que había era un joven con una bala en su cuello. El por qué y el cómo de las pandillas son preguntas muy complejas y esto no es posible resolverlo con un programa. Pero nuestro caminar, nuestro acompañamiento de los niños en nuestras calles, es una pequeña señal de que nuestro Dios es un Dios que desea la vida y no la muerte.

Llevaron a Jesús al lugar llamado Gólgota o Calvario, que significa "Sitio de la calavera." Le dieron vino mezclado con mirra, pero él no lo bebió. Lo crucificaron y se repartieron sus ropas, sorteándolas entre ellos.

Eran como las nueve de la mañana cuando lo crucificaron. Pusieron una inscripción con el motivo de su condenación, que decía: "EL REY DE LOS JUDÍOS." Junto con Jesús crucificaron a dos ladrones, uno a su derecha y otro a su izquierda. Así se cumplió la Escritura, que dice: Y fue contado entre los malhechores.

Los que pasaban lo insultaban, moviendo la cabeza y diciendo: "Tú, que destruyes el Templo y lo levantas en tres días, sálvate a ti mismo y baja de la cruz." Asimismo, los jefes de los sacerdotes y los maestros de la Ley se burlaban de él y decían entre ellos: "Salvó a otros, y a sí mismo no puede salvarse. Que ese Cristo, ese rey de Israel baje ahora de la cruz para que lo veamos y creamos." Y también lo insultaban los que estaban crucificados con él.

mi hijo siempre estuvo
    con los marginados
        esos que la sociedad no cree útiles
podía escuchar en la distancia
    gritos que decían
        crucifíquenlo
        crucifíquenlo
quería de alguna manera
    poder regresar
    pero la mirada adolorida
    de dos leprosos cerca de mí
    me daba fuerza
        para continuar caminando
mis dos amigas
    me ayudaron a subir la colina
me sentía débil
    después del terror de anoche
        sabiendo
        lo que los soldados
        le estaban haciendo a mi hijo
    pero las historias
    que jesús compartió
    conmigo
    durante estos años
    me daban fuerza
    para no salir corriendo
jesús
    con gran tristeza
    compartía conmigo
    sus experiencias
    cuando visitaba a los jóvenes
        presos

sólo por hablar
y estar juntos
en un grupo
la manera en que eran maltratados
en la cárcel
ahora era el turno de mi hijo

sólo podía entenderse
que él que se identificó
de una manera plena
con los marginados
hiciera suyo
el trato que éstos reciben
lentamente hacíamos el recorrido
hasta llegar a la multitud
pasando por las enormes casas blancas
las cortinas volaban con el aire cálido
todo estaba ordenado
de una manera hermosa
desde sus balcones
las familias miraban indiferentes
lo que le sucedía a mi hijo
familias de fariseos
ellos parecen tan confiados
que su mundo privilegiado
es una bendición de dios
en algunas ocasiones en mi vida
deseé
poder darle a jesús
mi hijo
algunas de las ventajas
de esa clase

las historias
>de jesús recorrían
>por mis venas
>>hacia mi corazón
al pasar por todo el lujo de este vecindario
>regresaron las memorias de jesús
>contándome
>>de su caminar
>>entre las casas más humildes
>del tiempo que pasaba
>hablando con aquellas familias
recuerdo una ocasión
>después de una visita muy difícil
>que me contó
>cómo ayudó a un ciego
>>que tenía doce hijos
>a recobrar su vista
que en aquel sufrimiento
>en la miseria
>en la humilde existencia
>>de aquella familia
>él había visto el rostro
>de su abbá
jesús me dijo
>que su corazón ardió
>en aquel momento
>>se prendió
>>en llamas
>>de pura felicidad
que él nunca cambiaría esto
>por todas las comodidades
>de los fariseos

yo sonreí
   cuando recordé
   sus brillantes ojos cafés
   sus manos maltratadas por el clima
mi hijo
   mi hijo
   tan especial
   cuanto lo amo
estas memorias
   me daban cierta paz
   al darme cuenta que algo más
      estaba sucediendo este día
   que no se podía ver con la simple vista
   solamente con el corazón
caminábamos por el sendero
   acercándonos a la muchedumbre
      ellos venían hacia nosotras
doblando la esquina
   venía mi hijo frente a mí
   en verdad él
      que está con los leprosos
         con los jóvenes presos
         con los ciegos
         los oprimidos
   se había convertido en uno de ellos
me acerqué
   a jesús
   los soldados se separaron
puse mi mano
   en el hombro ensangrentado
   de mi hijo
      mi hijo

mi mano se empapó de sangre
sangre que no se derramaba en vano
que dará fuerza
esperanza
a todos los que lo siguen
que luchan
para construir un mundo mejor
la sangre en mis manos
ardía en mi corazón
nunca olvidaré ese momento
en medio
de este dolor intenso
como madre
me sentí orgullosa
de mi hijo
solamente pocos comprenderán
este divino sentimiento
intenso
que no es el sentimiento
de las madres
en los balcones
de las mansiones
que pasábamos
pero sí el de una madre
caminando junto a su hijo condenado
criminal
ensangrentado
ahora mi hijo era un criminal común
yo pude ver
más claramente
con su sangre
goteando de mis manos

que esta es la verdadera
   manera de ser de dios
que él se encuentra
   en la entrega total
   en la lucha
para que los demás
puedan ser libres
un tremendo amor
   por mi hijo
   brotó desde mi corazón
miré hacia
   los ojos de jesús
   yo sabía
   que él sabía
   cuán orgullosa
   estaba de él
   aún en esa condición
nunca había amado tanto
   a mi hijo
   como en esa ocasión
que don tan grande
   el tener un hijo
     un hijo
   que ama tanto a los pobres
     tanto
     que por este amor
     por el deseo
     de cambiar su condición
     los poderosos
     lo tratan como a un criminal
     como a todos
     los que luchan por la justicia

yo caminaré
  con dignidad
  el resto de este doloroso sendero
    hacia el monte de las crucifixiones
  junto a mi hijo
mantendré mi cabeza
  en alto
  a pesar de
  las lágrimas de este intenso dolor
    de felicidad intensa
  que caen de mis mejillas
mi hijo
  mi hijo
  entregando su vida
en verdad estoy orgullosa de mi hijo
    mi hijo

preguntas para reflexionar

1. ¿Cuándo he visto sufrir a otra persona? ¿Vi "el rostro de mi Abbá" en ese lugar? ¿Me di cuenta de la presencia de Dios en medio del sufrimiento?

2. ¿De qué manera camino junto a Jesús en el camino del sufrimiento? ¿Con quién camino? ¿Hay alguien que camina conmigo en mi sufrimiento?

3. ¿Me entrego, lucho para que los demás puedan ser libres? ¿De qué manera hago esto? ¿Podré aprender a hacer esto?

a los pies de la cruz

marcos 15:40–41

Es Viernes Santo; son las siete de la noche. La Iglesia Misión Dolores está a oscuras. Nos paramos enfrente de la estatua de Nuestra Señora de Dolores y de una cruz coronada de espinas. Comenzamos el servicio del pésame, un ritual en el cual podemos expresar nuestro dolor a nuestra Madre por la muerte de su Hijo. El testimonio de Frank es leído: "Ahora estoy encarcelado en la unidad MN del Centro de Detención Juvenil. Cuando era niño sufrí mucho. Mi mamá pertenecía a una pandilla y mi papá estaba preso. Así fue que cuando tuve ocho años mi padrastro se llevó a mis dos hermanos y a mi hermana. El le dijo a mi mamá que a mí no me llevaba porque yo no era su hijo. A mi mamá ni siquiera le importó cuando él hizo eso porque ella no nos podía mantener a todos. Mi abuela nos llevó, a mi mamá y a mí, a vivir con ella. En ese entonces yo no tenía ropa ni comida. Mi abuela apenas tenía para comer ella misma. A mi mamá no le importaba si yo comía o no,, se la pasaba con sus amigos y amigas de parranda por todo el barrio. Siempre deseé tener una familia que me amara, que me cuidara y deseara. Lo malo es que la gente no se da cuenta de lo que tiene hasta que lo pierde."

Patricio, quien lee este testimonio, comenta cómo nuestra Madre sufre hoy cuando sus hijos son tratados tan mal. Ahora meditamos sobre cuando María recibió a Jesús en sus brazos:

> el soldado
> suavemente coloca a Jesús
> en mis brazos
> sintiendo su cuerpo
> entre mis brazos
> cuánto he deseado
> estrechar firmemente a Jesús
> durante estos últimos días,
> sentí la humedad
> de tanta sangre
> emanando de sus ropas
> Jesús
> mi hijo.

¿Qué estaría sintiendo María?

Entonces cada persona dentro de la Iglesia escribe una carta a María. Virginia escribe: "María, tú eres nuestra Madre. Tú sabes cuanto sufro. Es muy difícil ser madre en estos tiempos, en esta ciudad. Tú corazón fue despedazado cómo el mío está siéndolo al ver como mi hijo es tratado como un animal. Yo siento que tú me entiendes mejor que nadie. Te entrego mi amor. Estoy contigo esta noche."

Pasamos al frente y colocamos las cartas enfrente de Nuestra Señora de Dolores. Un clavel blanco es colocado sobre la cruz. Con música suave tocando en el fondo, la gente es invitada a salir en silencio a través de las puertas laterales. Pero todos regresan a sus asientos envueltos en el profundo misterio de como el dolor milenario de una

Madre ahora está relacionado al profundo dolor de tantas
madres que llenan la Iglesia.

Unas mujeres miraban de lejos. Entre ellas, María Mag-
dalena, María, madre de Santiago el menor y de José, y
Salomé. Ellas los seguían y lo servían cuando estaba en
Galilea. Con ellas había otras más, que habían subido con
Jesús a Jerusalén.

> me preguntaba
>> cuando iba a terminar todo
>>> o si iba a terminar
>
> quería escapar
>> correr de este lugar
>
> me sentía débil
>> tan vulnerable
>
> traté de decir una oración
>> recitar alguna lectura
>>> de las que había aprendido
>>> cuando era pequeña
>>
>> pero nada se me vino a mi mente
>>> nada
>
> mientras estaba debajo de la cruz
>> mis emociones estaban congeladas
>> había sufrido mucho
>
> noté que un soldado
>> a mi derecha
>> me estaba observando
>>> intensamente
>>
>> no estoy segura del porqué

él se acercó y me dijo
que había conocido a jesús
cuando curó al hijo de un romano
él fue conmovido
por la autenticidad de jesús
y al mirarme debajo de la cruz
no pude evitar
pensar
en su propia madre
y lo difícil que sería
para ella
tener que soportar esto
él me dijo que iba a ordenar
a los otros soldados
a que retrocedieran
para que nuestro grupo
pudiera estar más cerca
del condenado
su preocupación era real
yo acepté su oferta
los soldados
los fariseos con todo su atavío
retrocedieron
dejándonos al fin
estar cerca de jesús
miré al rostro de juan
él quería que yo le dijera algo
a jesús
pero no pude
entonces escuché
maría madre de mis hermanos
suavemente

miré hacia arriba a jesús
jesús
   esta será la última vez
   que estaremos contigo en vida
      no esperábamos esto
tú parecías estar muy seguro
   que las cosas iban a cambiar
   que este mundo iba a ser mejor
   pero de nuevo
      son los poderosos
      los que han ganado
   me siento destruida
yo no quiero
   que al mirar a mi hijo
   que el odio entre en mi corazón
      hacia estos soldados
      hacia los líderes religiosos

mirando a mi hijo
   sintiendo el sufrimiento
pero al estar cerca
   estar viviendo este momento
   me estaba ayudando
jesús
   estaré contigo hasta el final
yo deseo poder estar
   en tu lugar
   pero no puedo
me gustaría
   poder tenerte en mis brazos
      y mecerte en ellos
   pero no puedo

ellos te están torturando lentamente
ellos quieren apagar tu luz
mirando a los ojos de jesús
   sintiendo que algo poderoso
   está sucediendo
   al poner mis manos
   alrededor de los pies
     ensangrentados de jesús
   sentí que la sangre
   mojaba mis manos

jesús
   trataba de decir algo
   suavemente
escuchamos estas palabras
   juan
   pronto moriré
     esta tortura terminará
   yo quiero que tú
   cuides de mi madre
     cuida a mi madre

juan trató de decir algo
   pero no pudo
   solamente puso sus brazos
     a mi alrededor
   de una manera muy cariñosa
   dejándole saber a jesús
   que su petición
   iba a ser cumplida

mi abbá está lleno de amor
   de entrega y perdón

amigos
   no dejen que este daño
      entre en sus corazones
   no dejen que la amargura
      entre en sus corazones
yo sé que lo que los poderosos
   están haciendo
      los está lastimando mucho
   todo lo relacionado a esta cruz
      es injusto
yo sé esto
   pero quiero que ustedes
   lleguen a otro nivel
      que encuentren a dios
      en medio de esta oscuridad
pongan sus manos
   alrededor de este clavo ensangrentado
      sientan la sangre
   es muy difícil perdonar
   yo les ayudaré con esta sangre
   a que aprendan a perdonar
      a aquellos que les tratan de hacer daño
      que los perseguirán
      que les dirán criminales
esta sangre les dará vida
   no huyan de ella
   sino agarren fuerzas
   para ese momento
dios es amor que se entrega y perdona

sabía que en ese momento mi hijo
   estaba revelando al dios verdadero

la gente
   alrededor de él
   lo miraban
   como mirando a un criminal común
parecía que no había nada
   especial en él
las madres no permitían
   que sus hijos
   se acercaran
la familia de jesús se negaba
   a acercarse
   debido a la vergüenza
      a la humillación de esta
      agonizante y lenta marcha de muerte
   de alguien que creció junto a ellos
pero al estar aquí cerca
   contigo jesús
   estoy sintiendo
      la presencia de tu abbá
   sé que algo más
   está sucediendo
que tú puedes sacar luz
   de esta oscuridad
aún cuando pareces estar perdiendo
   tú eres capaz de sacar vida
no sé cómo
   no sé cómo
jesús
   al entregar tu vida por los demás
   para que los demás
   puedan encontrar fuerzas
   para que ellos también entreguen sus vidas

y esto está asociado
a quien es tu abbá
pero quién iba a pensar
que dios se manifestara
de esta manera
en un criminal
ensangrentado
detestado
esto es todo lo contrario
a lo que pensamos que dios es
pero esto es lo que tú hijo
siempre me has enseñado
que dios está en los lugares
que menos esperamos
todo se consuma
en este momento
bajo la cruz
el soldado romano
me dice con su mirada
que pronto se acabará
nuestro momento
y que la muchedumbre se acercará
con sus voces burlonas
jesús yo estaré aquí hasta el final

estoy contenta
de haber sido tu madre
tú has sido el mejor de los hijos
que se pueda imaginar
a pesar de que muchas veces
yo no entendí lo que querías decir
o lo que hacías

ahora veo
    que tu camino
    es el camino de dios
        muy diferente a los caminos
        de los fariseos
yo no puedo aliviar tu dolor
    o tu sufrimiento
    pero jesús ahora que te vas
        al lado de tu abbá
    escucha mis palabras
tú en verdad has mostrado
    el verdadero rostro de dios
        aún aquí en la cruz
        has redefinido a dios
    te has identificado con tu pueblo

en el fondo
    has escogido un sendero
    que en verdad muestra el amor
        la entrega
    del rostro de tu abbá
mirando a los ojos de jesús
    yo sabía que él
    pudo escuchar
    lo que yo dije
        jesús
            jesús
jesús diciendo
    suavemente desde la cruz
    madre
    cuanto
        y cuán profundamente te amo

gracias
por estar aquí
  conmigo
yo sé
  que esto no fue fácil para ti
te amo
  mucho
lágrimas brotaron de los ojos de jesús
de repente la muchedumbre se acercó
  con venganza
mi hijo
  mostraba el verdadero rostro de dios
  de amor que se entrega y
    perdona
      totalmente

preguntas para reflexionar

1. "Es muy difícil perdonar. Yo te ayudaré con mi sangre a aprender a perdonar" ¿Hay algo que necesito perdonar? ¿Puedo hacer esto con la ayuda de Jesús?

2. ¿De qué manera experimento en mi vida el amor de la entrega, el perdón de Dios?

3. ¿De qué manera veo que se expresa el amor de la entrega y el perdón de Dios en nuestro mundo? ¿Soy capaz de permitir que la entrega y el perdón de Dios se exprese en mis acciones?

recibiendo su cuerpo

lucas 23:44–49

Es el Día de las Madres. Diez de los doscientos menores, por razón de haber trabajado para preparar la liturgia, han recibido permiso para que sus mamás asistan a la misma. Normalmente las mamás tienen que esperarse en línea por horas para poder dedicarle tiempo a sus hijos. Pero esta mañana es distinto. Las mamás llegan temprano al gimnasio en donde vamos a celebrar Misa. Le pregunto al personal de la unidad que si tienen algunas sillas para estas mujeres. Respuesta no favorable: las mamás tendrán que mantenerse de pie a lo largo de la pared. A las 8:30 los menores comienzan a entrar al gimnasio; levantan los ojos y ven a sus mamás.

Han trabajado duramente para preparar esta liturgia. Ahora les toca pasar al frente. Invito a cada uno de los diez a que presenten a sus mamás, a las cuales les regalan flores y tarjetas hechas a mano. Ver a una madre recibir a su hijo encarcelado es doloroso. Cuando los diez leen sus mensajes, no les afecta para nada el que haya otros tantos doscientos menores viéndolos, escuchando su desborde emocional. Están sumergidos en el momento, tratando de expresar lo que sienten.

Moisés hoy está haciendo su primera comunión. Soy su padrino. El padre de Moisés está sirviendo una sentencia de por vida. Moisés ha sido criado por su abuela Shirley. Hace un año casi lo mataban; quedo paralizado, pero su gran determinación lo salvó. Ha vivido su vida aceleradamente. Moisés da lectura: "No sé que decir. Siempre me haz mostrado aceptación. Nunca me haz abandonado. Ha de haber sido difícil tratar de criarme, Nana, pero a pesar de todo el drama, siempre fuiste como una madre para mí. Sé que tu amor no tiene límites."

Después de leer esto, el abrazo entre él y su abuela expresó vívidamente el profundo amor maternal que Shirley tiene hacia su nieto de diecisiete años, pero con la madurez de cuarenta.

Hacia el mediodía las tinieblas cubrieron toda la tierra hasta las tres de la tarde. El sol se eclipsó y la cortina del templo se rasgó por medio. Y Jesús, con fuerte voz, dijo: "Padre, en tus manos encomiendo mi espíritu." Dijo esto y expiró.

El oficial, al ver lo que había ocurrido, daba gloria a Dios, diciendo: "Verdaderamente este hombre era justo." Y toda la gente que había asistido al espectáculo, al ver lo sucedido, regresaba dándose golpes de pecho. Todos los conocidos de Jesús estaban a distancia, igual que las mujeres que lo habían seguido desde Galilea, presenciando todo esto.

se acabó
al fin se acabó
vi cómo mi hijo tomaba
su último suspiro
al principio
sentí un dolor muy fuerte
que rompía mi corazón
pero a la vez
sentí cierto alivio
después de presenciar
angustiosas horas
de sufrimiento
bajo aquellas condiciones
al ver a mi hijo
tan lleno de vida
y ahora verlo muerto
sin respirar
a través de los años
de ver a tantos morir
que dejaban de respirar
pero ahora al ver a mi hijo
yo nunca había entendido
este misterio
hasta hoy
al experimentar la intensidad
de esta pérdida
cosa que nunca
había experimentado
tal como lo hice ahora
el momento se congeló
todo parecía haberse detenido
en medio de esta oscuridad

mi hijo
   muerto
   sin vida
las memorias fluyeron
   en mi interior
   en este instante
      era algo muy abrumador

mi hijo

de repente los soldados
   rompieron el momento
   colocaron una escalera
   a la par de la cruz
yo sentí
   que algo importante
      misterioso
   había sucedido
ellos nunca podrían entender
   de que se trataba este misterio
vi el cuerpo de mi hijo
   cuando ellos lentamente
   quitaban los clavos
   de sus manos
su cabeza colgaba
   su peso
   estaba sostenido
   por estos dos soldados
   que se balanceaban
   sobre la escalera
jesús no se movía
   su cuerpo inerte
   estaba en las manos de estos soldados

yo escuché en el instante
   que un grupo de fariseos se reían
   hablando acerca
   de este hombre santo
   este proscrito
   que parecía ser tan popular
   entre la gente
vi como ellos
   descendían por la colina
la muchedumbre lentamente
   se retiraba
yo no me podía mover
   la muerte de mi hijo
   me había aniquilado
los soldados desataron
   de la cruz
   lo que quedaba de jesús
      mis amigos habían dejado de llorar
había una especie de quietud
   una tranquilidad
      algo más estaba sucediendo
después de las tortuosas horas
   de ver
   como trataban a mi hijo
   con tanta crueldad
ahora todo había terminado
al fin jesús estaba en el suelo
   yo me senté sobre la piedra
   a los pies de la cruz
un soldado
   cuidadosamente puso a jesús
   en mis brazos

al sentir su cuerpo entre mis brazos
cuanto había deseado
sostener firmemente a jesús
durante estos últimos días
yo sentí la humedad
de tanta sangre
que emanaba de su ropa
jesús hijo mío
yo sabía que de alguna manera
tú aún puedes escucharme
mi corazón está destrozado
yo nunca me imaginé
que esto iba a ser tan doloroso
y de tantas formas
jesús
al tocar tu rostro
al poner mis manos
sobre tu corazón
aún puedo sentir
un amor
tan inmenso
que arde fuerte
en tu interior
al sentir tu cuerpo mutilado
hijo
te digo
que sé
que algo más está
sucediendo
yo sé
que esto no es el fin
de la historia

siento un profundo misterio
  una profundidad
  durante estas últimas horas
  que ahora me permite
  aferrarme a esta esperanza
yo confío
  que la historia no termina aquí
  que de alguna manera tú
  has cambiado el curso de la historia
    nada volverá a ser lo mismo
    nunca
      después de lo que sucedió
      esta tarde
al mecer tu cuerpo
  para atrás y para adelante
  tal como lo hacía
  cuando eras pequeño
  siento lo mucho
  que he deseado
  poder tenerte
  entre mis brazos
  durante estos últimos días
    y ahora no quiero dejarte ir
siento una fuerte conexión contigo
  al hablar contigo
  me da fuerza
  me da esperanza
  que cuando todo parece
  estar perdido
  al abrazarte
  todo cambia

aun quedan unas cuantas mujeres
  que visten sus humildes ropas
algunas tenían lienzos
  otras agua
  y otras toallas
no pude evitar sentirme conmovida
  por este humilde acto de amor
  de cariño hacia mi hijo
ellas estaban dispuestas
  a correr un alto riesgo
    debido a la crueldad
    que nos rodeaba
  tan sólo por ayudarme
  durante este momento tan peligroso
    nadie sabía qué podía suceder
yo miré a sus ojos
  cuando ellas me entregaban las toallas
  para que las remojara
  para que yo pudiera comenzar a lavar
  y a limpiar las heridas
  que le habían hecho a mi hijo
yo sabía que no iba a ser capaz
  de hacer esto sola
el amor
  el apoyo
  de estas mujeres humildes
  me fortalecían
  para limpiar cuidadosamente las heridas
  para preparar a mi hijo
  para su entierro
la sangre seca
  toda su espalda era una herida abierta

cuando puse una toalla mojada
dentro de los agujeros
en donde los soldados habían puesto clavos
su costado
había sido roto con una lanza
sentía como nunca
un amor tan profundo
hacia mi hijo
poderoso
que provenía del corazón de mi hijo
¿cuántas madres
tendrán que soportar
lo que yo estoy experimentando?
sus corazones destrozados
¿cuántas madres
tendrán que soportar
la pérdida de un hijo?
sentir tanta sangre
de los cuerpos mutilados
de sus hijos
yo sabía que nunca
iba a poder olvidar
este momento
en que limpiaba
el cuerpo de mi hijo
pido por todas las madres
que tendrán que soportar
este dolor
con la esperanza de que ellas
también podrán sentir
que algo más estará sucediendo
durante su momento de angustia

es muy difícil de explicar
todo parece ser tan oscuro
    tan terminal
    tan desalentador
pero esta entrega plena de mi hijo
    desde su corazón mismo
    es de lo que se trata la vida
        entregar la vida entera
esta mano mutilada
    es la misma mano
    que él ponía sobre la mía
    cuando paseábamos
    por las calles de nazaret
y ahora todo es tan distinto
    las lágrimas que corrían por mi rostro
    eran también lágrimas de amor
        un amor que no puede ser destruido
        ni siquiera por los soldados
        más poderosos
un amor tan divino

hundí mi cabeza
    en el pecho ensangrentado de mi hijo

jesús
    mi hijo
    cuanto te amo
gracias
    por entregar tu vida
    para que los demás puedan tener vida
rezo para que pronto
    podamos reunirnos
siempre seré tu madre

preguntas para reflexionar

1. ¿Le huyo a estar con gente que está sufriendo mucho?

2. ¿Quiénes son las personas en mi vida que me han ayudado durante los momentos difíciles? ¿Quién me ha brindado consuelo durante las ocasiones de muerte?

3. La pérdida de María fue muy dolorosa, aunque no perdió la esperanza. ¿Cómo es que se ha manifestado Dios en mi vida durante los momentos de gran pérdida?

encuentro

juan 21:24–25

Es la Vigilia Pascual. Cristo es el principio y el fin. Trescientas personas se reúnen en la oscuridad del estacionamiento de la escuela parroquial. Durante la semana pasada se reunieron todas las Comunidades Eclesiales de Base. Nosotros oramos y hablamos acerca de cómo en el último año Dios, en formas tan concretas, ha transformado la muerte en vida en nuestra comunidad.

Esperanza lee: "Yo veía el rostro de Cristo crucificado en mis hijos y nietos. Pero llegó el día en que ellos cambiaron y ya no seguían a los carros para vender drogas. Las armas que portaban con tanto orgullo han sido olvidadas para siempre. Ahora en mi familia, en mis hijos e hijas, y en la comunidad de mi parroquia, veo al Resucitado."

Encendemos el cirio Pascual. Lupe comparte: "Yo he visto y sentido profundamente el sufrimiento de nuestra comunidad cuando han ocurrido las balaceras. Todos nos sentíamos desanimados pero después de comenzar Caminos Seguros nos sentimos más protegidos. He podido presenciar un cambio de espíritu qué es un Espíritu de Vida manifestándose en los rostros de esta comunidad."

Comenzamos a prender las otras velas. Antes de hacer la procesión hacia la Iglesia Misión Dolores, Mario lee:

"Yo he encontrado mucha vida en mi familia. He sentido el apoyo de mi esposa durante momentos difíciles. Sus palabras me han hecho reflexionar y me han dado mucha motivación para cambiar. Cada vez que supero una parte negativa de mi vida, algo que no le da vida a mi familia, yo siento la presencia del Resucitado."

Se llega el tiempo para realizar los bautizos de los adultos. Nuestro Dios es un Dios que convierte la muerte en vida. Al darles la bienvenida a nuestra comunidad a estos adultos estamos celebrando quién es Dios en realidad y cómo en esta comunidad a pesar de que haya tanta oscuridad Él sigue siendo una fuente de vida.

Este es el mismo discípulo que dio aquí testimonio y escribió todo esto, y nosotros sabemos que dijo la verdad. Jesús hizo muchas otras cosas. Si se escribieran una por una, creo que no habría lugar en el mundo para tantos libros.

      toda la noche
        me la pasé viendo hacia afuera
          de mi ventana
      las memorias de estos últimos días
        pasaban por mi mente
          destrozando mi corazón
        especialmente las escenas
        de como jesús
        fue destruido
        por los soldados
        ridiculizado por los fariseos

al mirar por mi ventana
    viendo cómo el horizonte
    se iluminaba
viendo por mi ventana
    con un sentimiento sombrío
    me preguntaba de nuevo
    ¿por qué?
        ¿por qué parece ser que dios
        nos ha abandonado?
    ¿por qué?
        ¿por qué tuvo que sucederle
        todo esto
        a mi único hijo?
    ¿por qué?
mirando hacia afuera
    a los tenues cambios
    de la oscuridad completa
    al amanecer
en este instante
    en que la noche
    se convierte en día
        suavemente
        escuché mi nombre
        pronunciado
        de la manera más suave
            madre
jesús
    decía suavemente
        madre
        estoy aquí
sentí que el sol salía
    en mi corazón

se acabó la madrugada
el sol brillaba fuertemente
jesús decía
estoy agradecido contigo madre
y con todas las mujeres
que ayudaron
a limpiar y preparar
mi cuerpo para el entierro
después de haber sido tratado
como todos los pobres
han sido tratados
por años

jesús
quiero hacerte
tantas preguntas
¿qué va a suceder
ahora?
¿de qué manera
será establecido
el reino de tu abbá?
yo no quiero
volver a perderte
jesús
he pensado
durante estos días
en las madres
que han tenido que padecer
lo que yo he tenido que soportar
¿en dónde encontrarán ellas esperanza?
¿qué harán ellas
con la pérdida de sus hijos?

yo sé jesús
que al estar contigo
en este momento
estás contestando todo esto
este amor
entre madres e hijos
no puede ser destruido
por soldados romanos
por sumos sacerdotes
es eterno

madre
tú has visto
lo que sucede
cuando los poderosos
se ven en peligro
hay destrucción total
para cualquiera
que desafíe
su estilo de vida
pero mi resucitar
de entre los muertos
madre
es una señal
que luchar
no es vano
luchar para revertir el orden
de la clase dominante
no es la voluntad
de mi abbá
que la mayoría no tenga nada
mientras que pocos lo tengan todo

en los días que se avecinan
    madre
    me relacionarán
    con todos aquellos
    que luchan
    por construir un mundo mejor
madre
    pude sentir tu amor por mí
    cuando te encontré
    en el camino hacia el gólgota
mi cuerpo agonizaba
    por el dolor
    sólo sentía oscuridad
    pero al mirar en tus ojos
    supe que tú entendías
    el costo de entregar
    la vida
    en la lucha
    para ayudar a construir
        un mundo mejor
aprecié profundamente
    tu apoyo
fue importante
    que algunos
    lograran entender
    el misterio
    que estaba ocurriendo

te agradezco madre
    y agradezco a todas las madres
    que te seguirán
    que apoyarán

a sus hijos
en sus luchas
no va a ser fácil
va a haber dolor
angustia
oscuridad
intensa
pero nunca
nunca pierdas las esperanzas
he resucitado
he cambiado
la muerte en vida
esto es a lo que
se tienen que apegar
que yo puedo traer
luz
de la oscuridad

jesús
lo que dices es cierto
yo rezo
por todas las madres
para que ellas
puedan experimentar
la esperanza
que yo estoy experimentando
jesús
gracias por visitarme
y permitirme sentir
esta esperanza
esperanza en el que estaba muerto
y ahora vive

preguntas para reflexionar

1. ¿Tengo esperanza? ¿Qué me da esperanzas?

2. ¿Conozco a alguien que tiene esperanza? ¿Qué parte de sus vidas me da esperanza?

3. ¿Cuándo necesita mi vida tener esperanza? ¿mi comunidad? ¿mi ciudad? ¿mi mundo? ¿Podré ser parte de llevar la esperanza de la resurrección?

camino

lucas 24:13–28

Era la una de la tarde del miércoles. El día anterior, el 7 de marzo, fue el día de elecciones. Por muchos meses nuestra Iglesia había trabajado afanosamente para derrotar a la Propuesta 21. Si ganábamos lograríamos que menores de edad fueran juzgados como adultos con menos frecuencia. Básicamente, esta propuesta socavaría a las cortes juveniles de este estado. Desgraciadamente la propuesta fue aprobada por una gran mayoría. Ese miércoles era muy difícil no sentirse enojado, frustrado y desilusionado por los resultados. Las largas horas de trabajo, de caminar por los precintos electorales, de llamadas telefónicas, ruedas de prensa, vigilias, todo parecía haber sido inútil. Se llegó el tiempo de hacer la meditación vespertina en la Iglesia. Usamos la lectura del Camino de Emaús, en la cual los discípulos salen de Jerusalén después de ver morir a Jesús en la cruz.

Después de la meditación Martín habló. Yo conocí a Martín y a su esposa, Letty, por medio de su hijo Carlos, a quien conocí cuando estuvo recluido en el Centro de Detención Juvenil. Carlos está ahora en prisión cumpliendo una sentencia de once años. Cuando Martín habló esa tarde, después de esta terrible derrota, él expresó la misma esperanza que le he visto desde que lo conozco. Es la misma esperanza que él ha descubierto al visitar y mantener viva su relación con su hijo. Cuando él habló esa tarde, yo sabía que lo que decía acerca de la esperanza era cierto debido a la transformación que yo había presenciado en él. Su esperanza es tan fuerte que ahora Martín y su esposa van a visitar cada semana a los jóvenes. Y todavía les quedan fuerzas para acercarse a los padres que tienen hijos encarcelados.

En un momento parecía que todo se había terminado para Martín y Letty; tenían a un hijo encarcelado cumpliendo una larga condena. Era igual que cuando los discípulos salieron de Jerusalén y se dirigieron a Emaús: Jesús estaba muerto y todo se había terminado. Todo parecía oscuro y vencido aquel miércoles en la Iglesia Misión Dolores, pero Martín fue capaz de hablar de la misma esperanza que nació en los corazones de los discípulos al caminar con aquel Forastero. El habló de cómo todo el esfuerzo que habíamos hecho no había sido en vano, todas las reuniones nocturnas, todo el trabajo realizado durante aquellos largos meses de concentración de esfuerzos para derrotar a esta propuesta. Ahora más que nunca necesitábamos estar unidos para trabajar por los jóvenes de nuestra comunidad.

Lentamente, un sentimiento diferente invadió la Iglesia. Lentamente, otros comenzaron ha hablar de seguir reuniéndose para ver que se podía hacer para cambiar las leyes injustas. Los corazones ardían con la esperanza renovada.

Martín hizo una invitación al grupo para que lo acompañaran al Centro Juvenil el domingo siguiente. Cuando ellos llegaron, este pequeño grupo de trabajadores fieles fueron llamados al frente del gimnasio enfrente de trescientos menores. Ellos recibieron flores y un certificado de apreciación por todo su trabajo hecho para derrotar a la propuesta 21. Martín dijo que la lucha no había terminado. Todavía quedaba mucho por hacer por los jóvenes de nuestra comunidad. Nosotros experimentamos la derrota y nos sentíamos desanimados. Pero nosotros también sabemos de la esperanza que nace al trabajar y orar juntos, es una esperanza más profunda y poderosa que nuestro desánimo. Seguiremos adelante con nuestro esfuerzo.

Ese mismo día, dos discípulos iban de camino a un pueblecito llamado Emaús, a unos doce kilómetros de Jerusalén, conversando de todo lo que había pasado.

Mientras conversaban y discutían, Jesús en persona se les acercó y se puso a caminar a su lado, pero algo impedía que sus ojos lo reconocieran. Jesús les dijo: "¿Qué es lo que iban conversando juntos por el camino?" Ellos se detuvieron, con la cara triste.

Uno de ellos, llamado Cleofás, le contestó: "Cómo, ¿así que tú eres el único peregrino en Jerusalén que no sabe lo que pasó en estos días?" "¿Qué pasó?" preguntó Jesús. Le contestaron: "Todo ese asunto de Jesús Nazareno. Este hombre se manifestó como un profeta poderoso en obras y en palabras, aceptado tanto por Dios como por el pueblo entero. Hace unos días los jefes de los sacerdotes y los jefes de nuestra nación lo hicieron condenar a muerte y a clavar en la cruz. Nosotros esperábamos creyendo que él era el que debía liberar a Israel; pero a todo esto van dos días que sucedieron estas cosas. En realidad algunas mujeres de nuestro grupo nos dejaron sorprendidos. Fueron muy de mañana al sepulcro y, al no hallar su cuerpo, volvieron a contarnos que se les habían aparecido unos ángeles que decían que estaba vivo. Algunos de los nuestros fueron al sepulcro y hallaron todo tal como habían dicho las mujeres; pero a él no lo vieron."

Entonces Jesús les dijo: "¡Qué poco entienden ustedes y cuánto les cuesta creer todo lo que anunciaron los profetas! ¿No tenía que ser así y que el Cristo padecería para entrar en su gloria?"

Y comenzando por Moisés y recorriendo todos los profetas, les interpretó todo lo que las Escrituras decían de él. Cuando ya estaban cerca del pueblo al que ellos iban, él se aparentó seguir adelante.

pasaba a través de las altas puertas
   blanqueadas por el sol ardiente
cruzaba estas puertas
   queriendo dejar atrás el dolor
   de estos últimos días
caminaba lentamente
   hablando con mi amigo
caminando
   reflexionando
   repasando los detalles
   de la muerte de jesús
el paso era lento
   en comparación al de los últimos días
hoy ya no corríamos
   tratando de hacer muchas cosas
     ya no valía la pena
     todo había terminado

el ser que fue ejecutado
    fue quién
    nos había enseñado a caminar
    junto a los demás
este día ibamos de camino a emaús
    teníamos suficiente tiempo
    en este viaje
    para detenernos
    y hablar con otros peregrinos
    sobre lo que había sucedido
    en jerusalén
había suficiente tiempo
    para respirar el aroma del campo
        aunque nuestro mundo
        se había terminado
        aunque ahora la vida nos parecía
        diferente
        sin significado
había suficiente tiempo
    para caminar despacio
acompañamos
    a un inválido
        hasta su casa
    a una anciana
        hasta su siguiente destino
había tiempo
    para caminar
    sin tener que correr
    sin ser distraídos
    y poder así estar presentes
    con cada persona
    que nos encontrábamos

todo esto
   lo habíamos aprendido
   al caminar con el maestro
pronto estuvimos lejos
   de jerusalén
viajábamos
   a paso lento
fue fácil
   que un viajero con paso ligero
   nos alcanzara
ahora eramos tres
   caminando el sendero
el modo
   en que este señor caminaba me recordó
   a cómo el maestro
   caminaba
él ponía atención
   a lo que decíamos
      del mismo modo que jesús lo hacía
   lo que le decíamos
      era de importancia para él
no podíamos creer
   que él no supiera
   cómo habían matado al nazareno
nos hacía preguntas
   mientras caminábamos
a veces
   parábamos
   y nos sentábamos debajo de la sombra
      de los árboles
   también había tiempo
   para hacer esto

al caminar con este forastero
  era como
  caminar con jesús
había tiempo para platicar
  y disfrutar el momento
no eramos controlados
  por las demandas de otros
  por falsas presiones
  por demasiado trabajo
mientras caminábamos
  con este viajero
  le empecé hacer
  las preguntas
  que por días
  habían estado dando vueltas
  en mi mente
parecía que él
  había estudiado bien el tora
  parecía que tenía sabiduría
después de hablar por horas
  tomando nuestro tiempo
  le pregunté
  ¿por qué tuvieron que suceder
  los eventos
  de los últimos días?
  ¿por qué permitió dios
  que esto sucediera?
    ¿por qué?
no quería blasfemar
  contra el bendito
  pero ¿por qué?

el forastero
    me escuchó
    y sonrió
¿por qué?
    amigo
    tú querías que dios
    interviniera
    para que parara la crueldad
        cometida contra su ungido
    para que no tuviera que sufrir
    ¿por qué tuvo que sufrir
        tanto?
    ¿por qué?
nos detuvimos
    el forastero escribió en la tierra
        los nombres
            de las mujeres y hombres santos
            que fueron parte
            de nuestra historia
    ¿a caso alguno de ellos
    fue exonerado
        de tanto sufrimiento?
    ellos hablaron con la verdad
        a los poderosos
        las consecuencias eran
        de esperarse
ese es el camino
    del profeta
    de todo aquél
    que habla la verdad
        ese no es
        un camino fácil

permanecimos sentados por mucho tiempo
   mientras que él
   nos explicaba el sendero
   de los profetas
   de cómo en ningún lugar
   de nuestras escrituras
   dice
      que no tenemos que sufrir
   sino que el sufrimiento
   puede ser transformado
¿por qué dios
no rescató a jesús?
   porque como ungido
   jesús nos demostró
   que él era igual
   a todos aquellos
   que luchan
      él no fue eximido
      de las consecuencias
      sino que experimentó
      el mismo sufrimiento de todos
      los que fueron ejecutados antes que él
él ha traído
   un significado transformador
   a su muerte
lentamente
   tan parsimonioso
      como nuestro paso
   comencé a ver
   empecé a comprender
      como nunca antes
      lo pude hacer

que el camino de dios
el camino de los profetas
no era el de escapar del sufrimiento
　de huir
sino que por el reino
　había que aceptarlo
que después algo sucederá
　a lo mejor no inmediatamente
no será fácil
pero algo más
　estará sucediendo
mientras caminemos
　por el sendero de los profetas
　la pregunta del por qué
　sera contestada
　　al caminar
no se darán
　respuestas fáciles
　pero sólo el hecho
　　de acompañar
　　de caminar
　　y entrar en la lucha
　va a proveernos
　con el entendimiento
　　la respuesta
ahora podía ver
　sabía que el huir
　de jerusalén
　no era la respuesta
al contrario
　en ese momento
　mientras caminaba con este viajero

supe que tenía
que regresar al lugar
responsable
de la ejecución de jesús
fui tan conmovido
por las palabras
de este forastero
que mi corazón latía rápido
aún sin haberme dado
una respuesta concreta
él me estaba dando
el significado
la explicación
del camino de dios
comprendí
que si regresaba
a jerusalén
me iban a expulsar
del templo
estaba feliz
por este tiempo
caminando
con este forastero
caminando
compartiendo
así que cuando regrese
y confronte a los líderes religiosos
sobre el modo que tratan
a la gente
con sus impuestos onerosos
estaré viviendo la respuesta
a mi pregunta

del por qué
el maestro fue asesinado
sé
que cuando regrese
y le lleve comida a
mis amigos los leprosos
desafiando todas las leyes
de nuestro país
y que por eso
ya no podré regresar
a vivir a mi casa
estaré viviendo
la respuesta a mi pregunta

la esperanza ardía brillante
dentro de mí
el que caminaba
con nosotros
me permitió ver
que la respuesta
a la razón de tanto sufrimiento
es encontrada al caminar
acompañando
a aquellos que han sido despreciados
por la sociedad
al caminar
por el sendero de los profetas
sentía que mi corazón ardía
dándome un gran deseo
de regresar a esta lucha
con él corazón en llamas

preguntas para reflexionar

1. ¿Hay tiempo en mi vida para caminar con el forastero que encuentre por el camino? ¿Podré hacer ese tiempo?

2. "El camino del profeta no es el de escapar del sufrimiento, huir de este, sino de abrazarlo y algo sucederá." ¿He visto a alguien abrazar al sufrimiento? ¿a una comunidad? ¿Sucedió algo? ¿He experimentado esto en mi propia vida?

3. ¿Cómo se me ha pedido que abrace el sufrimiento en mi vida? ¿Puedo abrazar el sufrimiento y tener fe que algo sucederá?

reconocimientos

Caminé por la entrada del Centro de Detención Juvenil. Al aproximarme a una de las unidades, José tocó la ventana teñida mientras sostenía el libro *Los Ojos en Jesús,* el primer libro mío que publicó Crossroad. Me sentí contento de saber que alguien que estaba experimentando angustia y temor podía hallarle sentido al desarrollo de una vida interior. Estoy agradecido con todos en la compañía Crossroad Publishing, especialmente con Gwendolin y con el editor de este libro, John Eagleson. Su confianza en mí y su trabajo diligente en la publicación de este libro me da la posibilidad de poder compartir este don de esperanza, el cual he recibido de tantos aquellos con quienes he caminado en las tristezas y las alegrías, y por medio de la muerte y la resurrección.

También me gustaría darle las gracias a Mary Ellen y a Doug Burton-Christie, quienes siempre estuvieron alentándome y ayudándome en el proceso de escribir este libro. Fueron totalmente maravillosos conmigo.

Estoy agradecido con Dick Howard, Eddy Martínez, Gabrielle Porter y Mike Roide, todos ellos contribuyeron en los detalles técnicos de esta aventura. Además, me gustaría reconocer el trabajo indispensable de Héctor González, cuyo esfuerzo hizo posible la traducción del texto al español. A Arturo Laris también le doy las gracias por sus sugerencias y por las correcciones hechas al texto.

Y por último, me gustaría agradecerle a mis hermanos Jesuitas de la Casa Espinal: Robert Dolan, Greg Boyle, Ted Gabrielli, Mark Torres, John Lipson, Bill Cain, Elías Puentes, Chris Donahue, Mike Engh, Greg Baumann, Greg Bongfiglio, Bill Cain y Sean Carroll. Todos ellos, junto con el personal y la comunidad de Misión Dolores, me han inspirado a continuar trabajando para crear un mundo mejor.

Of Related Interest
by Michael Kennedy, S.J.

THE JESUS MEDITATIONS
A Guide for Contemplation

With accompanying CD read by Martin Sheen

Have you ever longed to walk beside Jesus on the dusty roads of Palestine? Have you ever wondered what it would feel like to be in the crowd when Jesus was healing and preaching? These powerful meditations will help you imagine being right there with Jesus. Entering into the world of these meditations will change forever your relationship with Jesus, with yourself, and with the world around you.

0-8245-1929-9 $19.95 paperback

EXPERIENCING JESUS
Ten Meditations for a Changed Life

Includes free CD
Narrated by Janne Shirley and Martin Sheen

From the makers of the award-winning *Jesus Meditations* comes this new collection of Ignatian meditations, even more concrete, edgy, and focused on the connection between spirituality and social justice. Each theme includes an opening question, a biblical text, and an imaginative meditation. With a foreword by Richard Rohr.

0-8245-2146-3, $19.95 paperback with audio CD

crossroad

Of Related Interest

Miriam Therese Winter
OUT OF THE DEPTHS
The Story of Ludmila Javorova, Roman Catholic Priest

"This is a story that needs to be told. It is the story of a democratic, participatory, and prophetic church emerging in Czechoslovakian Catholicism at a moment of crisis and creativity, a church that chose to ordain women. Miriam Therese Winter is to be thanked for her gripping narration of this important story."

— Rosemary Radford Ruether

"We need not theorize any longer about what women priests might do for the church. Miriam Therese Winter shows us Ludmila Javorova in action, ministering to the people of God in ways that few men could, as a clandestine priest in the underground Church of Czechoslovakia. This profoundly Catholic book has a bonus: a stunning portrait of a bishop with guts, Felix Davidek, Ludmila's mentor and the man who ordained her, despite opposition from the faint of heart. Davidek is a model of what a people's bishop could become in the twenty-first century."

— Robert Blair Kaiser,
contributing editor for *Newsweek*

0-8245-1889-6, $19.95 hardcover
Also available in Spanish
Desde lo hondo
0-8245-1975-2, $19.95 paperback

crossroad

Of Related Interest

Ronald Rolheiser
THE SHATTERED LANTERN
Rediscovering a Felt Presence of God

The way back to a lively faith "is not a question of finding the right answers, but of living a certain way. The existence of God, like the air we breathe, need not be proven...." Rolheiser shines new light on the contemplative path of Western Christianity and offers a dynamic way forward.

"Whenever I see Ron Rolheiser's name on a book, I know that it will be an amazing combination of true orthodoxy and revolutionary insight — and written in a clear and readable style. He knows the spiritual terrain like few others, and you will be profoundly illuminated by this lantern. Read and be astonished."

— Richard Rohr, O.F.M.
*Center for Action and Contemplation,
Albuquerque, New Mexico*

0-8245-2275-3, $16.95 paperback

crossroad

Of Related Interest

Dean Brackley, S.J.
THE CALL TO DISCERNMENT
IN TROUBLED TIMES
New Perspectives on the Transformative Wisdom
of Ignatius of Loyola

As the centerpiece of Crossroad's expanding offerings
in Jesuit spirituality and thought, we offer this remark-
able book from Dean Brackley, a leader in social justice
movements and professor in El Salvador. Brackley takes
us through the famous Ignatian exercises, showing that
they involve not only private religious experience but
also a social, moral dimension, including the care for
others.

0-8245-2268-0, $24.95 paperback

crossroad